DEMOCRACIA DIGITAL
DEFINIÇÕES DE UMA NOVA CIBERPOLÍTICA

Editora Appris Ltda.
1.ª Edição - Copyright© 2023 dos autores
Direitos de Edição Reservados à Editora Appris Ltda.

Nenhuma parte desta obra poderá ser utilizada indevidamente, sem estar de acordo com a Lei nº 9.610/98. Se incorreções forem encontradas, serão de exclusiva responsabilidade de seus organizadores. Foi realizado o Depósito Legal na Fundação Biblioteca Nacional, de acordo com as Leis nºs 10.994, de 14/12/2004, e 12.192, de 14/01/2010.

Catalogação na Fonte
Elaborado por: Josefina A. S. Guedes
Bibliotecária CRB 9/870

I853d 2023	Isper Jr, Acram Salameh
	Democracia digital : definições de uma nova ciberpolítica / Acram Salameh Isper Jr. – 1. ed. – Curitiba : Appris, 2023.
	128 p. ; 23 cm. – (Direito e democracia).
	Inclui referências.
	ISBN 978-65-250-5116-1
	1. Democracia. 2. Soberania. 3. Direito. 3. Comunicação. 4. Internet. 5. Política. I. Título. II. Série.
	CDD – 320

Livro de acordo com a normalização técnica da ABNT

Appris
editora

Editora e Livraria Appris Ltda.
Av. Manoel Ribas, 2265 – Mercês
Curitiba/PR – CEP: 80810-002
Tel. (41) 3156 - 4731
www.editoraappris.com.br

Printed in Brazil
Impresso no Brasil

ACRAM SALAMEH ISPER JR.

DEMOCRACIA DIGITAL
DEFINIÇÕES DE UMA NOVA CIBERPOLÍTICA

FICHA TÉCNICA

EDITORIAL Augusto Coelho
Sara C. de Andrade Coelho

COMITÊ EDITORIAL Marli Caetano
Andréa Barbosa Gouveia - UFPR
Edmeire C. Pereira - UFPR
Iraneide da Silva - UFC
Jacques de Lima Ferreira - UP

SUPERVISOR DA PRODUÇÃO Renata Cristina Lopes Miccelli

REVISÃO Isabel Tomaselli Borba

DIAGRAMAÇÃO Bruno Ferreira Nascimento

CAPA Eneo Lage

COMITÊ CIENTÍFICO DA COLEÇÃO DIREITO E DEMOCRACIA

DIREÇÃO CIENTÍFICA Tiago Gagliano Pinto Alberto (PUCPR)

CONSULTORES

INTERNACIONAIS	NACIONAIS
Juan Antonio García Amado (Unileón)	Francisco Cardozo Oliveira (Unicuritiba)
Lorenzo Álvarez de Toledo (Unileón)	Sandro Kozikoski (UFPR)
Jordi Ferrer Beltrán (UDG)	Bruno Milanez (Uninter)
Carmen Vázquez (UDG)	Tarsis Barreto (UFT)
Amós Arturo Grajales (UNLP)	André Peixoto de Souza (UFPR)
Guillermo Peñalva (UNLP)	Vivian Lima Lopez Valle (PUCPR)
María Victoria Mosmann (Unicasal)	Felipe Bambirra (Unialfa e UFG)
Walter Arellano (Unam)	Antonio Kozikoski (PUCPR)
Abril Uscanga Barradas (Unam)	Rodrigo Kanayama (UFPR)
	Noel Strichiner (PUCRJ)
	Danielle Anne Pamplona (PUCPR)
	Fernanda Busanello (UFGO)
	Felipe Asensi (Uerj)

Dedico esta obra às pessoas mais importantes da minha vida. A meu pai, ACRAM ISPER, que sempre esteve ao meu lado em todos os momentos, guardando meus flancos em horas de batalha. À minha mãe, SIMONE ISPER, guardiã de minha vida e alma e acalento eterno. À minha esposa, GISELE DE BRITO BRAGA ISPER, que mesmo após 15 anos de convivência, continua a retribuir o olhar nos olhos com o mesmo amor dos primeiros dias. Às minhas irmãs, que também me toleraram durante anos, KARIME ISPER, que participou e me deu força na maior luta da minha vida, e minha irmã de coração, CAROLINE MAFRA PORTAL, uma guerreira que lutou até o fim. À minha querida avó EDITH MENEZES, que sempre me emprestou uma palavra amiga e de incentivo. Porém existe uma pessoa que tem meu coração por completo, que me falta o ar, meu avô (gido) MTANIOS RAGUEB ISPER, que é meu ídolo, referência e tudo que eu mais gostaria de ser, obrigado por todos os ensinamentos.

Animula, vagula, blandula Hospescomesquecorporis
Quae nunc abibis in loca Pallidula, rigida, nudula,
Nec, ut soles, dabisiocos...
— Imperador Adriano (138)

Tradução: pequena alma terna flutuante Hóspede e companheira de meu corpo
Vais descer aos lugares pálidos, duros, nus Onde deverás renunciar aos jogos
de outrora.

SUMÁRIO

INTRODUÇÃO 11

CAPÍTULO 1
EVOLUÇÃO NAS COMUNICAÇÕES HUMANAS E AS TECNOLOGIAS .. 15
Transformações nas comunicações dos seres humanos 15
A internet e as tecnologias da informação... 19
    Aspectos gerais 19
    A questão da privacidade 21

CAPÍTULO 2
AS COMUNICAÇÕES HUMANAS E O CIBERESPAÇO:
CONCEITO E PERSPECTIVAS 29
A sociedade da informação e suas idiossincrasias 29
Inteligência coletiva... 41
O ciberespaço... 45
Comunidades virtuais... 46

CAPÍTULO 3
CIBERDEMOCRACIA: UM NOVO MODO DE DEMOCRACIA 49
Ciberlibertarismo 49
A emancipação em tempo real e o novo espaço público............................ 52
Primeiros passos 57
Aspectos políticos da sociedade em rede... 60
Ativismo digital 67
Democracia e voto via internet 77
Primavera árabe... 83

CAPÍTULO 4
QUESTÕES DE SOBERANIA: DEMOCRACIA DIGITAL 87
Do conceito de soberania 87
Governança democrática... 89
Mundialização e antimundialização da política 91
Perspectiva de uma lei universal 93

CAPÍTULO 5
MAPEAMENTO NA FALA DE INTERNAUTAS SOBRE AS RELAÇÕES
ENTRE POLÍTICA E O USO DA INTERNET.................................97

ALGUMAS REFLEXÕES...113

REFERÊNCIAS...117

ÍNDICE REMISSIVO 125

INTRODUÇÃO

O tema deste livro está inserido numa problemática crucial do nosso tempo histórico, marcado por uma transformação na configuração cultural das sociedades e no "espírito do tempo" do século 20, orientado, segundo Morin (2018, p. 3), pela "segunda industrialização" e pela segunda colonização.

> Através delas, opera-se esse progresso ininterrupto da técnica, não mais unicamente voltado à organização exterior, mas penetrando no domínio interior do homem e aí derramando mercadorias culturais. Não há dúvida de que já o livro, o jornal eram mercadorias, mas a cultura e a vida privada nunca haviam entrado a tal ponto no circuito comercial e industrial, nunca os murmúrios do mundo haviam sido ao mesmo tempo fabricados industrialmente e vendidos comercialmente. Essas novas mercadorias são as mais humanas de todas, pois vendem a varejo os ectoplasmas de humanidade, os amores e os medos romanceados, os fatos variados do coração e da alma (MORIN, 2011, p. 4).

Entre os problemas que emergem no século 20, está o que Morin (2018, p. 5) denomina de "Terceira Revolução Industrial[1]" (eletrônica, nuclear); Terceiros Poderes (burocrático, técnico, de aparelho); Terceira Cultura ou cultura de massa (*mass-culture*), decorrente da imprensa, do cinema, do rádio, da televisão etc., produzida segundo as normas maciças da fabricação

---

[1] Relembrando que a Primeira Revolução Industrial, que aconteceu já na segunda metade do século 18 (1760, tendo durado até meados do século seguinte 1850), viu a transição de sistema feudal para sistema capitalista, em que o labor humano e animal foi substituído por máquinas; a Segunda Revolução Industrial ocorreu na segunda metade do século 19, entre 1850 e 1870, e se manteve até ao final da Segunda Grande Guerra (1939-1945) em que se verificou o aperfeiçoamento das máquinas, com isso permitindo o aumento da produção em geral bem como da lucratividade e, também, o surgimento de novas fontes de energia; a Terceira Revolução Industrial aconteceu por volta de 1950 e ainda se mantém, e é a partir de então que se verifica a evolução exponencial nos campos da tecnologia, ciência e produtividade. É neste período que se acontece a mudança da tecnologia mecânica e analógica para a eletrônica digital, com alcance enorme em todos os setores da humanidade, pelo que ela permite. A Quarta Revolução Industrial teve início no atual século 21 (2010) e se mantém também, e é neste espaço de tempo que é trazido à humanidade o conglomerado de sistemas de tecnologias avançadas, nomeadamente, entre outros, a I.A. (Inteligência Artificial), robótica, Internet das Coisas (IoT). A celeridade com que os avanços tecnológicos acontecem leva-nos a podermos, já, referir a proximidade de uma Quinta Revolução Industrial, que traz ilimitadas possibilidades à humanidade cada vez mais dependente da tecnologia anterior, a 4.0 (chega, agora, a tecnologia 5G, que melhora substancialmente a troca dos bilhões de dados e informações trocadas pelo mundo, num cada vez maior número de dispositivos que tornam este planeta em que habitamos mais "reduzido", se assim podemos afirmar) melhorando substancialmente a I.A., os *Big Data* (BD), a IoT e por aí em diante.

industrial, propagada pelas técnicas de difusão (*mass media*) e destinada a uma massa social.

A obra aqui apresentada, com o título *Democracia digital: definições de uma nova ciberpolítica*, tem por objetivo, a partir de pesquisa teórica e empírica, demonstrar que o desenvolvimento de tecnologias digitais de comunicação, no final do século 20, tem reforçado um importante debate sobre participação civil nas democracias liberais contemporâneas. Sobretudo porque esses novos meios possuem potencialidades técnicas de interação mais horizontais quando comparados aos meios anteriores, como a televisão e o rádio, o que, em princípio, disponibilizaria maior possibilidade de diálogos políticos dos cidadãos com seus respectivos governos e dos cidadãos entre si.

Esse conjunto de discursos, teorizações e experimentações que empregam as Tecnologias da Informação e Comunicação (TICs) para mediar relações políticas, estendendo as possibilidades de participação democrática nos sistemas políticos vigentes é o que vem sendo denominado de "democracia digital" ou "ciberdemocracia". Mundialmente, em termos práticos, é possível notar que uma parte significativa de experiências e projetos de democracia digital é pautada nas localidades municipais. Isso ocorre porque a dimensão social urbana irá servir como protótipo por se tratar de unidades políticas mais concentradas geograficamente e que refletem de modo mais imediato nas relações civis.

É de registrar que em face da pandemia de Covid-19 aumentou exponencialmente o uso da internet não apenas para o exercício profissional, mas, também, para encurtar espaços que se verificavam entre os políticos e seus eleitores. Como afirmam Berg e Hofman (2021, p. 15): "New technologies are not only means, they also have become subject of political engagement. Hence, digital democracy involves struggles over its foundational principles, its directions and meaning, its infrastructure. It should therefore be understood as a contingent political arrangement in flux."[2]. Inegável, porém, a aproximação de *players* entre si e, por óbvio, a sociedade no seu todo, tornando cada vez mais difícil esconder até mesmo a mínima das afirmações ou atitudes.

O estudo aqui apresentando tem por objetivo apreender e analisar esse quadro a fim de verificar qual o entendimento de teóricos e de internautas quanto ao uso e credibilidade da internet para melhorar a participação do cidadão nos assuntos públicos e, também, do voto pela internet no processo eleitoral, visto

---

[2] Tradução do Autor: "As novas tecnologias não são apenas meios, elas também se tornaram objeto de engajamento político. Assim, a democracia digital envolve lutas sobre seus princípios fundamentais, suas direções e significados, sua infraestrutura. Deve, portanto, ser entendido como um arranjo político contingente em fluxo".

que diversos sentidos de democracia têm sido levantados no âmbito das novas tecnologias da comunicação, a partir de diferentes visões sobre as potencialidades da técnica. A configuração de uma "democracia digital", ou "ciberdemocracia", é constituída por essa pluralidade de sentido e de legitimação.

Tendo em vista os objetivos traçados, a fundamentação teórica e os dados levantados por meio de pesquisa eletrônica, procuramos trazer ao texto as ideias de autores sobre esse novo campo do conhecimento e, em seu contexto, a questão da democracia (ciberdemocracia) e a participação popular na internet, inclusive sobre o voto.

Para a compreensão das teorias, utilizamos da análise de conteúdo[3] que exige, no diálogo com os textos, uma postura fenomenológica-herme-nêutica-dialógica que permite a apreensão da essência e do sentido das ideias dos autores e dos sujeitos participantes da pesquisa, assim como observar as relações de antagonismo e de cooperação existentes. Como instrumento de coleta de dados com os internautas, utilizamos um questionário, aplicado mediante a plataforma digital Survey Monkey Enterprise, com as seguintes questões norteadoras:

1. Qual seu sexo?

2. Qual sua idade?

3. O que você entende por Ciberdemocracia?

4. No seu entendimento, existem problemas nas informações veicu-ladas pela internet?

5. Quais as perspectivas que você tem em relação à internet?

6. As informações veiculadas pela internet sobre questões políticas são confiáveis?

7. No seu entendimento, a internet contribui para o processo democrático?

8. Você votaria pela internet?

9. Você acha que a internet nos transformou em uma aldeia global onde todos opinam?

10. Você utiliza a internet para protestar?

---

[3] Técnica aplicada à análise de textos escritos ou de qualquer comunicação (oral, visual, gestual) reduzida a um texto ou documento.

Para dar conta do estudo proposto, estruturamos o nosso trabalho em cinco capítulos. O primeiro trata da questão da evolução nas comunicações humanas e as novas tecnologias, com o objetivo de apresentar as transformações ocorridas nas comunicações dos seres humanos e a relação da internet com as tecnologias da informação. No segundo capítulo, procuramos apresentar os conceitos e as perspectivas envolvendo as comunicações humanas e o ciberespaço, especialmente as questões de suas idiossincrasias, da inteligência coletiva, do ciberespaço e das comunidades virtuais. No terceiro capítulo, tratamos da ciberdemocracia como um novo modelo de democracia envolvendo, especialmente, aspectos políticos da sociedade em rede, o ativismo digital e a questão da democracia e o voto por meio da internet. No quarto capítulo, tratamos da soberania e democracia digital com ênfase na governança democrática, mundialização e antimundialização da política e a perspectiva de uma lei universal. No capítulo cinco, mapeamos, a partir da fala de internautas, questões sobre a relação entre política e o uso da internet e, ao fim, apresentamos algumas reflexões e considerações sobre o problema em estudo.

CAPÍTULO 1

EVOLUÇÃO NAS COMUNICAÇÕES HUMANAS E AS TECNOLOGIAS

Transformações nas comunicações dos seres humanos

A questão das transformações nas comunicações dos seres humanos será ancorada especialmente na obra *Ciberdemocracia* (2002), de Pierre Lévy, um dos principais estudiosos e defensores das novas tecnologias da comunicação, dos computadores e da internet. Obra essa entendida como instrumento de ampliação do conhecimento humano e criação de um "novo espaço antropológico, o ciberespaço onde se desenvolve a cibercultura" (LÉVY, 2002, p. 9) e a ciberdemocracia. No seu entendimento, as novas técnicas de comunicação possibilitam a construção revolucionária de um novo pensamento, mais precisamente, de uma nova inteligência em uma nova cultura com vistas ao desenvolvimento do homem e, consequentemente, da humanidade.

Para explicitar a sua posição teórica, Lévy (2002) irá mostrar o processo do desenvolvimento das comunicações humanas ao longo do tempo. Conforme explicita, desde tempos remotos e mais especificamente com os gregos, o homem, visando compreender o mundo e a si mesmo, vem formulando perguntas e procurando respostas para solucionar os problemas que a ele se apresentam. Com isso, vem acumulando saberes e construindo conhecimentos adquiridos mediante a observação, a especulação e a experimentação. Nessa caminhada, descobriu que o melhor caminho para ampliar os seus conhecimentos está no compartilhamento das ideias, no intercâmbio das experiências acumuladas.

Segundo Lévy (2002), é esse entendimento que irá possibilitar o desenvolvimento das sociedades que, iniciando esse processo a partir dos meios comuns de transmissão de informação (ferramentas, imagens pintadas em pedra, papel, aparelhos tecnológicos rádio, televisão), chega à atualidade, ao desenvolvimento dos meios virtuais (computadores, celulares etc.). É o surgimento da escrita que possibilita, há cinco mil anos, um acúmulo de conhecimentos de forma mais eficiente. Entretanto, como somente os escribas a dominavam, os primeiros sinais grafados ficavam guardados nos templos e nos palácios e, quase sempre, eram utilizados como instrumentos de dominação dos sacerdotes e funcionários régios.

A partir da criação do alfabeto, a leitura passa a ser acessível a um número maior de seres humanos. Na Grécia, sustentada no conceito de democracia e na prática de cidadania, vamos encontrar, no século 6 a.C., as suas leis redigidas em caracteres alfabéticos e, com isso, mais acessíveis para todos. As civilizações do alfabeto inventaram o conceito de liberdade em geral e o de livre cidadania. Somos seus herdeiros, admiramo-las por terem feito da liberdade um de seus valores supremos, enquanto as civilizações clássicas do Egito, da Mesopotâmia, da China e da Índia só conheciam os diversos graus de servidão e os sistemas de castas.

> As religiões monoteístas, como as espiritualidades platônica, estoica e budista, fundamentam-se em textos alfabéticos. Este suporte alfabético não é desprovido de relação com o seu caráter universal e a sua proclamação da igualdade de princípios de todas as almas. As sabedorias do alfabeto — o judaísmo, o cristianismo, o islamismo, o estoicismo e o budismo – fizeram todas do livre arbítrio, os da liberdade do espírito, a essência da condição humana [...] A retórica, arte da comunicação, e base da educação liberal floresce nas redes de cidades comerciantes que eram as brilhantes civilizações urbanas gregas, helenísticas, romanas e mulçumanas. Já no renascimento é o espírito e a memória destes impérios alfabéticos que a Europa redescobrirá. (LÉVY, 2002, p. 17).

Com o passar do tempo, os textos, os dados numéricos, os desenhos e os mapas ficaram mais disponíveis e, com isso, fizeram nascer as condições para o desenvolvimento das ciências na Era Moderna, como também a república das letras na Europa renascentista e clássica, estruturada pelas academias e primeiras revistas científicas. Talvez se possa dizer que essa elite intelectual, em função da disponibilização dos conhecimentos por meio dos livros e de outros meios de comunicação escrita, tenha formado a primeira comunidade virtual desterritorializada.

Do que nos é possível apreender ao longo da história da humanidade, é que o surgimento da imprensa foi vital para uma maior abertura do espírito. Graças ao novo meio de comunicação, os povos, especialmente os europeus, foram expostos e elaboraram uma multiplicidade de ideias, informações, técnicas e imagens que culminaram com a época das luzes[4], nascida e desenvolvida na esperança de uma emancipação da humanidade ligada ao progresso dos conhecimentos, sua difusão e a prática da tolerância e do diálogo. Na religião, a imprensa foi uma das condições para a difusão da Reforma e para o surgimento de novas religiões da salvação terrena.

A partir de então, não foram apenas as ideias, os conhecimentos, as artes, as notícias políticas e militares e as reivindicações sociais que circularam nas páginas impressas, mas também as imagens provenientes dos telescópios, microscópios, máquinas fotográficas etc. Nos séculos 16 e 17, as ideias liberais e democráticas surgidas na França, na Inglaterra e na América do Norte, melhor dizendo, nos Estados Unidos da América (EUA), promoveram as revoluções, tendo como um de seus elementos impulsionadores a imprensa, seja a partir de jornais ou de quaisquer outros meios de publicações.

Após o advento dos diferentes meios de comunicação, especialmente da informática e suas novas formas de comunicação virtual, surgiram dois conceitos que passam a integrar a cultura humana: o ciberespaço e a inteligência coletiva. As novas tecnologias, surgidas nos idos de 1969, fizeram nascer uma nova forma, um novo espaço de comunicação humana, o ciberespaço — termo criado em 1984, pelo escritor norte-americano Willian Gibson e entendido por Lévy como "o espaço de comunicação aberto pela interconexão mundial dos computadores e das memórias dos computadores" (LÉVY, 1998, p. 92), ou seja, um espaço virtual para a comunicação por meio da tecnologia, em que a presença física do homem não é mais necessária.

O ciberespaço[5] que, muito mais que um meio de comunicação ou mídia, é um espaço de reunião de uma infinidade de mídias e interfaces que pode ser encontrado tanto nas mídias como jornal, revista, rádio, cinema, TV, quanto nos chats, nos fóruns de discussão, nos blogs, Twitter, Instagram etc. É também o local onde a inteligência coletiva se forma a partir da interação entre as pessoas e do intercâmbio de ideias por meio de comunidades virtuais.

---

[4] Brevemente: chamado de Iluminismo, é um movimento intelectual que surgiu na França no século 18, século que ficou conhecido como o Século das Luzes, período em que se procura sobrepor o rigor da razão, da filosofia e da política à da fé, levando a que o homem se entenda, também, como centro de fazer e determinar.

[5] A definição de ciberespaço é, se pode-se dizer, o ambiente da internet. Ou seja, todo o meio pelo qual uma entidade, por exemplo, os nossos muito conhecidos Google, Facebook, Instagram, Twitter, entre outros, facultam e possibilitam o espaço virtual ao qual computadores e outros aparelhos eletrônicos (smartphone, relógios de pulso, celulares, tablets entre outros) se ligam a redes de internet mundo afora e permitem seus utentes se comunicarem entre si, não importa onde estejam fisicamente.

A eclosão do ciberespaço possibilitou o aumento da visibilidade e da transparência nas comunicações humanas. Nas ciências, as técnicas de visualização ganham importância crescente, em que esquemas, mapas, fotos, filmes e simulações interativas estão cada vez mais em nosso dia a dia. As imagens simplificam e traduzem a percepção de muitos dados e são cada vez mais compostas e trabalhadas por computador. O ciberespaço permite, de uma forma cada vez mais direta, observar quase tudo que acontece mundo afora e, por consequência, também se torna uma rede de captores de informação externa (mundo físico) e interna (sociedade e imaginação humana) cada vez mais vasta e diversificada.

No entendimento de Lévy (1999), estamos passando de um sistema mediático dominado pela televisão para uma rede de comunicação que permite a onivisão e possibilitará dirigir nosso olhar para onde quisermos no espaço, nas escalas de grandeza, nas disciplinas, no tempo e nos mundos virtuais fictícios, mas experimentáveis no futuro.

O novo conhecimento por visão direta permite-nos uma contínua revelação de novas dimensões de uma natureza virtualmente infinita, não nos limitando ao simples saber de uma realidade finita. Enquanto os instrumentos de observação e de simulação se aperfeiçoam, as possibilidades de ação aumentam, acompanhando os riscos e o peso da responsabilidade que corresponde a essas novas possibilidades. A esfera do real dilata-se ao mesmo ritmo que a potência da mente. Vivenciamos uma mutação na natureza do espaço de comunicação, um salto da inteligência coletiva humana. Hoje temos todas as informações acessíveis na rede, não importa a área de interesse. Tudo está no ciberespaço.

Lévy (2002, p. 12) analisa a mutação contemporânea dos meios de comunicação a partir de três grandes linhas:

- a do declínio do caráter territorial dos media e sua crescente dependência em face de comunidades virtuais;

- a convergência entre suportes midiáticos, principalmente entre todas as instituições com vocação para passar mensagens; e

- a crescente tomada a cargo da função mediática pelo conjunto dos atores sociais: a emergência dos automedia.

A internet e as tecnologias da informação

Aspectos gerais

A internet é resultado da fusão de conhecimentos de estratégia militar, cooperação científica e iniciativa tecnológica. Surgiu no auge da Guerra Fria, quando a extinta União das Repúblicas Socialistas Soviéticas (URSS) lançou o primeiro satélite ao espaço. Em contraponto a tal feito, os EUA investiram no projeto de criação de um sistema de comunicação que fosse invulnerável a ataques de países inimigos.

O desenvolvimento do sistema foi coordenado pela Agência de Projetos de Pesquisa Avançada (*Advanced Research Projects Agency* – ARPA), do Departamento de Defesa norte-americano, e recebeu a denominação de ARPAnet. Esse sistema tinha como finalidade criar uma rede de comunicação independente, cujos dispositivos pudessem se gerir por si só, independentemente de uma fonte central, ou seja, uma rede capaz de tornar todos os pontos de conexão equivalentes e autônomos de tal forma que, num eventual bombardeio da ex-URSS, em um determinado ponto da rede norte-americana, a conexão entre os demais dispositivos não seria comprometida.

Assim, partindo da tecnologia de comunicação de troca de mensagens por pacotes, cria-se uma rede capaz de transmitir sons, imagens e dados sem recorrer a um centro de controle. O sistema, produto da participação e cooperação de militares e cientistas, entrou em funcionamento em 1969. A partir de 1983, o projeto foi dividido em duas vertentes: a ARPAnet, dedicada a fins científicos, e a MILnet, orientada para uso militar. No início da década de 1980, a tecnologia desenvolvida pelo projeto ARPAnet passou a ser socializada e utilizada por pesquisadores e por acadêmicos das universidades americanas, visando a troca de informações e conhecimentos, o que contribuiu de forma significativa para o desenvolvimento de uma "interface amigável". Em 1990, os serviços da ARPAnet foram encerrados, e a *National Science Foundation* (NSFNET) assumiu o desenvolvimento da rede.

Em 1995, após fortes pressões comerciais, o governo norte-americano privatizou a rede, outorgando seu controle a uma instituição sem fins lucrativos, denominada *Internet Society*. Aos poucos foram surgindo inúmeros provedores de acesso que disseminaram a tecnologia para o restante da população. Assim, criada inicialmente para fins militares, milhões de pessoas em todo o mundo, na atualidade, usufruem dos benefícios que o acesso à internet oferece.

É importante ressaltar que a internet não consiste apenas em uma rede de informática internacional, mas em uma interconexão de várias redes realizada por meio do protocolo *transmission control protocol/ internet protocol* (TCP/IP) — uma espécie de língua comum que permite a comunicação entre as redes, quaisquer que sejam as suas características tecnológicas. Configurando-se como uma interconexão de várias redes de comunicação, a internet aumentou sobremaneira o acesso às informações, além de ter permitido a troca de dados nos mais diversos formatos entre pessoas e organizações ao redor do mundo.

Na área científica, pode-se ressaltar como experiência importante o denominado *request for comments* (RFC), um canal em que investigadores da comunidade científica depositam ideias e solicitam comentários de outros pesquisadores. A *World Wide Web* (WWW) destaca a área em que se colocam páginas com informações em texto, som e imagem, permitindo o compartilhamento desses dados entre usuários ao redor do mundo, o que pode ser comparado à chamada Consciência Coletiva de Durkheim (1983, p. 22).

A partir do desenvolvimento científico e tecnológico, surge uma nova economia, denominada por Manuel Castells (2000) de economia informacional, global e em rede, para identificar suas características fundamentais e enfatizar sua interligação. É informacional, porque tanto a produtividade quanto a competitividade, seja de empresas, seja de nações, dependem basicamente da respectiva capacidade de produzir, processar e aplicar de forma eficiente as informações e de gerar conhecimentos. É global, porque as atividades produtivas, o consumo e a circulação de seus componentes (capital, trabalho, matéria-prima, informação, tecnologia e mercados) organizam-se em escala global. É em rede, pois as condições históricas, a produtividade e a concorrência conectam-se diretamente.

Reconhecendo-se não apenas a revolução política, econômica e social promovida pelo advento da internet, mas também a extraordinária ampliação do acesso a informações, e, ainda, o incremento da liberdade de expressão responsável pelo fortalecimento dos movimentos contraculturais e da democracia, tendo em vista, igualmente, a maior eficiência na administração dos órgãos públicos e das empresas, dentre tantos outros benefícios proporcionados pela rede, pretende-se tão somente alertar para os riscos à privacidade que tais avanços podem oferecer, como forma de contribuir para o uso mais consciente desse notável meio de comunicação.

A questão da privacidade

Essa excessiva valorização da informação na economia informacional, global e em rede, aliada à pressão do mercado por maior produtividade, permitiu que as empresas — organizadas em rede — passassem a explorar, desmesuradamente, a intimidade e a vida privada de seus clientes, esquadrinhando informações pessoais para, dessa forma, personalizar o marketing e oferecer maior eficiência nos serviços oferecidos. Nesse contexto, a web — enquanto fenômeno dessa nova forma de organização social, política e econômica denominada sociedade da informação — atua como uma ameaça à privacidade de seus usuários.

Conforme já exposto, a rede revelou-se um meio propício de invasão à privacidade ao facilitar o intercâmbio de informações pessoais entre os diversos prestadores de serviço da sociedade da informação, em especial as empresas. Bancos de dados, antes off-line (sem conexão, não ligado a um computador), integraram-se à rede, sendo transformados em bancos de dados on-line (direta ou remotamente conectado, ligado a um computador, pronto para uso imediato), o que implica a possibilidade de interconexão de maior número de informações pessoais identificáveis. Esses dados, conforme já exposto, são posteriormente utilizados para atividades de marketing, tais como o envio de spam (mensagens irrelevantes ou inadequadas enviadas na internet para número substancial de pessoas/publicidade indesejada ou intrusiva na internet) ou para outros fins obscuros e não autorizados pelo titular das referidas informações.

Além disso, a web facilita o monitoramento das condutas virtuais das pessoas, registradas nos bancos de dados dos provedores de acesso por sistemas informáticos automatizados. O monitoramento ocorre por meio da leitura do número de *Internet Protocol* (IP — significa,, Endereço de Protocolo de Internet), ou seja, do número de registro que identifica cada computador quando a máquina se conecta à rede. Cruzando-se o IP com os *logs* (um log é um registro de eventos que acontecem em hardware (a parte física necessária para a concretização de certa atividade) e software (um conjunto de instruções, dados ou programas usados para operar computadores e executar tarefas específicas), iniciados por uma pessoa ou por um processo em execução de documentação produzida automaticamente e com registro de data e hora de eventos relevantes para um determinado sistema. Praticamente todos os aplicativos e sistemas de software produzem arquivos de *log*. — também conhecidos como diários de navegação —, o provedor consegue identificar o computador utilizado, a data e o lapso de tempo de cada conexão, os destinatários das mensagens enviadas por meio daquele computador, os sítios eletrônicos visitados, dentre outras informações técnicas.

A invasão à privacidade caracteriza-se ainda mais grave quando se submetem os *logs* registrados nos bancos de dados dos provedores à análise de agentes inteligentes, que, então, classificam os internautas em diversas categorias, conforme os assuntos pesquisados, produtos ou serviços consumidos, faixa etária, classe social e outras informações relevantes que interessem a determinados setores de publicidade ou que se destinem a qualquer outra finalidade não autorizada pela titular das informações.

Outro inconveniente da utilização da net esconde-se sob a falsa sensação de privacidade. Embora apresente-se como um ambiente eminentemente público, a intangibilidade do mundo virtual induz os internautas a uma exposição incauta em relação às próprias comunicações. Esse fenômeno é constatado no caso do Twitter, que emite informações de fontes reais em tempos reais, provando-se um verdadeiro portal de notícias, assustando, inclusive, a grande mídia. O caso *Wikileaks* de Julian Assange[6] é paradigma, pois tem-se uma clara instigação ao vazamento de informações privilegiadas por sigilo que julguem ter interesse público. Indagamo-nos: será esse o novo jornalismo? Isto é, o de dar uma plataforma, uma voz para que aqueles que um dia foram maioria muda passem a ser os guardiões do bem-estar social, em uma consciência coletiva?

Outros internautas, menos cautelosos, além de se identificarem, revelam informações íntimas que deveriam ficar restritas à vida pessoal e familiar — dados relevantes que fomentam a prática de delitos não só no mundo virtual, como estelionato e outras fraudes, mas também no mundo real, como extorsão mediante sequestro e outras condutas de grave potencial ofensivo[7].

Outra prática muito comum de exposição da privacidade em rede ocorre em situações de utilização de blogs, ou seja, sítios da internet, nos

---

[6] Ativista nado em 3 de julho de 1971, na cidade de Townsville, Austrália, e fundador do sítio eletrônico *WikiLeaks*, que revelou vários documentos sigilosos dos EUA (e de vários outros acontecidos, de outras entidades, de natureza sigilosa), o que levou aquele País a investigar o *WikiLeaks*, culminando no pedido de extradição de Assange para a América. Assange está presentemente detido em Belmarsh, um estabelecimento prisional masculino de categoria A, localizado em Thamesmead, Londres, Inglaterra, aguardando decisão final judicial sobre se será, ou não, extraditado para os EUA.

[7] Presentemente, as redes sociais são espaço cada vez mais para ações do tipo, por exemplo: bullying, chantagem, calúnia, assédio, intimidação, extorsão, plágios, pornografia infantil, terrorismo e discriminação.

quais as pessoas — em especial adolescentes — publicam um diário eletrônico, em que se desvestem ao expor intimidades. Idêntica situação se verifica nos denominados sites de relacionamento, como Facebook, Tumblr, Tinder, Badoo, entre outros. O Facebook apresenta-se com o objetivo de oferecer aos seus membros um meio de comunicação facilitador para o estabelecimento de novas e antigas amizades e relacionamentos. Por meio dessa rede, as pessoas criam comunidades virtuais para estabelecer comunicações entre indivíduos que comungam interesses comuns. Ao se inserir nessa rede de relacionamentos, o indivíduo descreve seu perfil pessoal e/ou profissional, com o objetivo de se tornar visível para outras pessoas.

A base de dados pode ser utilizada livremente por qualquer usuário cadastrado na rede, e a busca pode ser feita pelo nome ou pelo detalhamento do perfil da pessoa a ser encontrada. O sítio eletrônico *Par Perfeito* foi projetado para facilitar o encontro entre pessoas que buscam um relacionamento amoroso. O internauta, ao se cadastrar, disponibiliza seu perfil e descreve a "pessoa ideal" segundo suas afinidades. Os usuários mais empolgados fornecem fotos e imagens pessoais, revelam a renda e o patrimônio — tudo isso na esperança de encontrar a "pessoa ideal". Após a interconexão dessas informações por softwares, o site disponibiliza os contatos das pessoas com perfis semelhantes, facilitando o "encontro amoroso" entre indivíduos solitários ao redor do mundo.

Cria-se a cultura da autoexposição na web. Para se sentirem "digitalmente incluídas" na sociedade da informação, algumas pessoas colocam-se em evidência de forma temerária, alimentando o firme propósito de serem "localizadas" na rede mundial de computadores, por meio de motores de busca como o Google, o Yahoo e o Bing, que levam às páginas nas quais detalhadas informações revelam seu perfil. Enfim, a internet, além de facilitar a violação da privacidade por terceiros, induz o usuário inconsciente à autoexposição exagerada. Nas palavras de Paulo José da Costa Júnior (2003, p. 15), "a tecnologia acoberta, estimula e facilita o devassamento da vida privada; [...] as pessoas condicionadas pelos meios de divulgação da era tecnológica sentem-se compelidas a renunciar à própria intimidade".

Victor Drummond (2003), ao discorrer sobre as comunicações na internet, estabelece alguns critérios para separar a esfera pública da esfera privada no ambiente virtual:

a. identificação do destinatário da mensagem: a mensagem cujo destinatário for indeterminado será uma mensagem pública, já a mensagem cujo destinatário for determinado poderá ser pública ou privada, dependendo dos demais critérios;

b. ciência das demais pessoas envolvidas na comunicação: a mensagem será privada se o emissor tiver conhecimento das pessoas envolvidas na comunicação e será pública se não tiver conhecimento dos destinatários;

c. existência de intimidade entre os interlocutores: a mensagem será privada se o grupo for coeso e formado por amigos ou pessoas que tenham qualquer outra estreita relação, a mensagem será pública se o grupo for formado por pelo menos um estranho.

O autor conclui que se caracteriza como violação à intimidade a utilização da internet que implique em deslocamento de dados ou de informações de um ambiente de comunicação privada para um ambiente de comunicação pública; ou o deslocamento de dados ou informações de um ambiente de comunicação privada, compartilhado pelo usuário, para outro ambiente, igualmente de comunicação privada, mas do qual o mesmo usuário não compartilhe. Tal fato se constata quando uma pessoa expõe, em rede, fotografias que recebe de terceiro por e-mail, em que se expõe a intimidade de ambos; também ocorre violação à privacidade quando um participante anônimo revela, em chat (o bate-papo, ou seja, conversação, à distância, por meio de digitação, entre duas ou mais pessoas em que o autor da mensagem (o digitador) tem seu texto indicado no monitor da(s) pessoa(s), isto é, o(s) receptor(es) com quem se comunica por escrito), informações íntimas de terceiros que sequer têm conhecimento do fato, visto que não participam dessa conversação simultânea e, ou, quando não dão seu consentimento para a revelação a outrem dessas informações.

Além da proliferação dos bancos de dados on-line, do monitoramento eletrônico por meio do número de IP, da disseminação da cultura da autoexposição, mencionem-se os *cookies* (são pequenos arquivos, enviados ao navegador do computador, de sites que a pessoa visita. Esses arquivos rastreiam e monitoram esses sites e os itens em que a pessoa (o navegador) clica (pressiona) a tecla do aparelho em que navega na web, nessas páginas.) como mais uma ameaça à invasão da privacidade. *Cookies* consistem em pequenos programas que servem para coletar informações e agilizar a navegação em rede. Operam, usualmente, sem o consentimento e sem o conhecimento do usuário[8], podendo apresentar-se em dois tipos: os que são gravados diretamente no computador do internauta, objetivando facilitar um futuro acesso ao mesmo sítio cibernético; e aqueles que só servem para coletar dados do visitante, cujo destino é inevitavelmente o banco de dados do prestador de serviço da sociedade da informação.

O usuário da net recebe um número que proporciona a identificação do computador e a conexão à rede e, a partir desse momento, são registrados pelos *cookies* o navegador utilizado, o sistema operacional, o período de conexão e as páginas acessadas, dentre outras informações. Essas informações são depois cruzadas com outros dados do internauta, tais como nome, telefone, endereço, número e fatura do cartão de crédito. Por esse motivo, muitas pessoas surpreendem-se ao receber correspondência eletrônica de empresas com as quais jamais estabeleceu contato, mas que detém conhecimentos detalhados de seu perfil e de sua vida particular.

No segundo semestre de 1999, a justiça americana condenou a empresa Double Click por ameaça à privacidade em decorrência da utilização de *cookies*. Combinavam-se os perfis anônimos dos internautas — colhidos por meio dos *cookies* — com as informações pessoais retiradas de bancos de dados de marketing direto sem o prévio consentimento do usuário. Indiscutível, portanto, o fato de os *cookies* atuarem como meio de violação da privacidade ao propiciarem não apenas a identificação do perfil do internauta, mas também o mapeamento da navegação que o indivíduo realiza pela internet.

---

[8] Porque incomodam muitas pessoas que não querem aceitar os *cookies*, a União Europeia, pela Directiva 2002/58/CE, de 12 de julho de 2002, do Parlamento Europeu e do Conselho, determinou a garantia de cada pessoa aos seus direitos à privacidade e ao tratamento de seus dados pessoais (ver em: https://edps.europa.eu/ sites/edp/files/publication/dir_2002_58_pt.pdf). No Brasil, a lei que regula o tratamento da proteção de dados pessoais, Lei Geral de Proteção de Dados (LGPD), é a de n.º 13.709, de 14 de agosto de 2018 (ver em: http://www. planalto.gov.br/ccivil_03/_ato2015-2018/2018/lei/l13709.htm), e altera, também, os artigos 7º e 8º do Marco Civil da Internet (Lei n.º 12. 965, de 23 de abril de 2014 (ver em: http://www.planalto.gov.br/ccivil_03/_ato2011-2014/2014/lei/l12965.htm). Não é pacífico o debate em torno das decisões tomadas nos tribunais a respeito desse assunto no Brasil. Em janeiro de 2022, o Supremo Tribunal Federal regulamentou a Política de Privacidade e de Proteção de Dados Pessoais, por meio da Resolução STF 759, de 17 de dezembro de 2021 (ver em: https://www. editoraroncarati.com.br/v2/Diario-Oficial/Diario-Oficial/RESOLUCAO-STF-N%C2%BA-759-DE-17-12-2021. html) em que esta Suprema Corte determina, em seu "art. 3º A aplicação deste Política será pautada pelo dever de boa-fé e pela observância dos princípios previstos no art. 6º da Lei n.º 13.709, de 14 de agosto de 2018 — Lei Geral de Proteção de Dados (LGPD): I – finalidade; II – adequação; III – necessidade; IV – livre acesso; V – qualidade dos dados; VI – transparência; VII – segurança; VIII – prevenção; IX – não discriminação; X – responsabilização e prestação de contas." *Cf.*: Roncarati Editora, 2021. Disponível em: https://www.editoraroncarati.com.br/v2/ Diario-Oficial/Diario-Oficial/RESOLUCAO-STF-N%C2%BA-759-DE-17-12-2021.html).

Em abril de 2003, no Canadá, colocaram-se os *cookies* novamente em evidência diante da decisão tomada pelo comissário para a Proteção da Privacidade (*Privacy Comissioner*), em processo administrativo aberto em decorrência de reclamação de um visitante de site de companhia aérea. Como fundamento, o queixoso alegou basicamente: (a) que lhe foi negado acesso ao website, porque o seu programa de navegação (browser) estava configurado para desabilitar os *cookies*; e (b) que a companhia se utilizava tanto de *cookies* permanentes como de temporários para coletar informações pessoais sem o conhecimento e sem o consentimento dos visitantes do site.

A página estruturava-se de tal forma que, uma vez desabilitados os *cookies* permanentes, era negado ao internauta o acesso às páginas seguintes. Assim que tomou conhecimento da reclamação, a companhia adotou providências para reconfiguração do site, a fim de permitir a navegação por páginas internas, mesmo quando desativados os *cookies*. Ao que tudo indica, a conduta da companhia aérea feriu o princípio da privacidade, que proíbe a coleta de informações pessoais sem a autorização do titular.[9]

A Directiva 2002/58/CE, do Parlamento Europeu e do Conselho da Europa, dispõe que os usuários devem usufruir do arbítrio de recusar a instalação de *cookies* ou de dispositivos similares em seu computador. No preâmbulo da Directiva, reconhece-se que os *cookies* — espécies de coordenadas eletrônicas — podem atuar como um instrumento legítimo e útil nomeadamente para a oferta de produtos ou de serviços análogos por parte da mesma empresa, desde que aos usuários se forneçam informações claras e precisas acerca da sua finalidade, cabendo aos interessados a oportunidade de aceitar ou de recusar a instalação de tais dispositivos em seu computador. A questão torna-se mais complexa em caso de acesso de usuários diversos por meio de um mesmo computador, ou de acesso automático mediante um *click* pelo internauta que deseja ignorar as extensas e complexas regras que regulam o sítio, tal como ocorre na página da empresa Amazon.com, que já define como "de sua propriedade" os dados pessoais de clientes armazenados durante a transação, bastando então a esse usuário anuir o que se consuma mediante um *click* com o mouse, admitindo, assim, a violação à sua privacidade.

Outro artefato tecnológico utilizado para violação à privacidade é o chamado Trojan ou Cavalo de Tróia. Este consiste em um programa de computador normalmente recebido como um "presente" (cartão virtual,

---

[9] Mais informações em: https://www.priv.gc.ca/information/guide/2011/gl_ba_1112_e.pdf.

DEMOCRACIA DIGITAL: DEFINIÇÕES DE UMA NOVA CIBERPOLÍTICA

álbum de fotos, protetor de tela, jogo e outros) que, além de realizar a função para o qual foi projetado, executa atividades maliciosas sem o conhecimento do usuário, podendo causar sérios prejuízos, tais como: (a) furto de senhas e outras informações sensíveis, como números de cartões de crédito; (b) instalação de programas chamados *keyloggers*, que permitem a gravação das teclas digitadas pelo usuário do computador, como o texto de um e-mail, dados digitados na declaração de imposto de renda e outras informações sensíveis; (c) instalação de programas que permitem não apenas a coleta de dados pessoais, mas também a monitoração de computadores denominados *spywares*; (d) alteração, destruição e cópia de documentos armazenados no computador; (e) instalação de *backdoors*, que oferecem ao atacante acesso a todas as informações armazenadas no computador, permitindo-lhe pleno controle dos dados ali contidos.

Em 23 de maio de 2005, a Câmara de Representantes dos EUA aprovou punições para usuários da net que disseminassem *spywares*. Por 395 votos a um, decidiu-se que aquele que recorresse a tal tipo de programa sofreria pena de até dois anos de prisão e pagaria multa de até US$ 3 milhões por infração, e todo usuário que recorresse a esse mesmo estratagema com a finalidade de se apossar de dados pessoais de outrem poderia ter a pena aumentada em cinco anos. Ainda para coibir os *spywares*, o Departamento de Justiça Americano aprovou uma proposta para destinar um montante de US$ 10 milhões anuais até o ano de 2009 para combater essa espécie de delito.

Alguns técnicos da área de informática argumentam que a informática é neutra, podendo servir-se de avançados processos técnicos para contribuir para o reforço da segurança e para a preservação das garantias individuais, não se configurando como uma real ameaça à privacidade. Outros vão mais além, afirmando que os riscos da internet evidenciam o preço a se pagar por todos os benefícios que se recebe em outras áreas. O primeiro argumento não procede, pois, ao mesmo tempo que a informática coloca à disposição dos usuários recursos técnicos para maior salvaguarda da privacidade, constata-se, nos últimos anos, a proliferação de aparatos tecnológicos utilizados para o incremento da vigilância. Quanto ao segundo, observa-se que a revolução tecnológica e os benefícios que oferece não podem servir de justificativa para violação desse valor essencial ao ser humano que é o direito de preservar a sua privacidade.

Diante desse cenário, ressaltamos a necessidade de conscientização dos internautas quanto aos riscos que a rede pode ocasionar à privacidade, para que o usuário se preocupe em se proteger dos programas maliciosos, utilizando o computador de forma mais segura, sem se sujeitar à exagerada autoexposição proporcionada pelos novos recursos tecnológicos. Destacamos a periculosidade dos bancos de dados on-line, que permitem a interconexão de informações pelos prestadores de serviço da sociedade da informação; o risco de monitoramento eletrônico por meio do IP; a massificação dos chats, blogs e comunidades virtuais; a existência dos maliciosos *cookies* que permitem a coleta de informações sobre a navegação do internauta, e a disseminação de Trojans, *keyloggers*, *spywares* e outros programas desenvolvidos para executar ações maliciosas na internet.

Regra geral, o homem teme ou, pelo menos, desconfia do que é novo. As Novas Tecnologias (NTICs), com toda a sua extraordinária gama de possibilidades é, ainda, um mundo pleno de descobertas por fazer. Entretanto é fato que as novas tecnologias da informática progridem extraordinariamente produzindo inovações inimagináveis apenas 15 anos atrás, abrindo todo um conjunto de possibilidades às pessoas, em campos tão distintos como são os da saúde, da mineração, da literatura, da pecúnia, do Direito com a rede mundial de computadores, fenômeno nunca visto pela humanidade e ainda muito temido, especialmente por nações com regimes não democráticos, nos primórdios. Com essas novas tecnologias, surgem as redes bancárias interligadas, blogs e redes sociais como principais fontes de informação da sociedade. A globalização em larga escala proporcionada pela internet e o mapeamento e sequenciamento do planeta por meio de fotos e do Sistema de Posicionamento Global (GPS) são outros avanços desenvolvidos pela humanidade com a ajuda das novas tecnologias.

CAPÍTULO 2

AS COMUNICAÇÕES HUMANAS E O CIBERESPAÇO: CONCEITO E PERSPECTIVAS

A sociedade da informação e suas idiossincrasias

A era da informação foi vislumbrada nos tecnocentros dos Estados Unidos da América (EUA) e do Japão, na década de 80, com a explosão da indústria da computação (software e hardware). A expressão *sociedade da informação* foi utilizada pela primeira vez em caráter oficial, em 1993, pelo então presidente da Comissão Europeia, Jacques Delors, no Conselho da Europa de Copenhague. Com o termo, definia-se o crescente uso da *tecnologia da informação* na economia, na melhoria da prestação dos serviços públicos e no incremento da qualidade de vida dos cidadãos.

A expressão *sociedade da informação* define uma nova forma de organização social, política e econômica que recorre ao intensivo uso da tecnologia da informação para coleta, produção, processamento, transmissão e armazenamento de informações. Por tecnologia da informação entende-se a microeletrônica, a computação (software e hardware), as telecomunicações, a optoeletrônica, a engenharia genética e todos os processos tecnológicos interligados por uma interface e linguagem comuns na qual a informação é gerada, armazenada, recuperada, processada e transmitida. *Informação* consiste em um dado ou conjunto de dados, processados ou não, em qualquer suporte, capaz de produzir conhecimento. Dir-se-á que *informação* é um conjunto de fatos sobre uma pessoa, situação, evento etc., transmitidos por um emissor e captados de modo entendível e compreensível por um ou mais receptores. Nesse sentido, informação pode ser uma imagem, um som, um documento físico ou eletrônico, ou, até mesmo, um dado isolado.

A *informação* contém em si o principal ativo da *sociedade da informação*, ou seja, sua principal riqueza, sendo indispensável ao desempenho de qualquer atividade — o que explica a nomenclatura atribuída pela doutrina a essa nova forma de organização social, política e econômica. O trabalho, a educação, a saúde, o lazer, a política, a economia, enfim, tudo depende da informação.

Após a supervalorização da terra na época da revolução agrícola e o predomínio dos bens de produção na Revolução Industrial, o que predomina agora é a *informação*. Na qualidade de principal matéria-prima desse novo modelo capitalista, a informação impõe-se como condição determinante para o desenvolvimento econômico e cultural da sociedade, daí o intensivo uso da *tecnologia da informação* — enquanto mecanismo facilitador da coleta, produção, processamento, transmissão e armazenamento que acarreta avassaladoras mudanças no mundo.

Diz-se que hoje se vivencia a chamada *revolução da tecnologia da informação*, um fenômeno que, embora demonstre importância semelhante à da Revolução Industrial do século 18, supera-a exponencialmente, pois induz a todos e a tudo a um padrão de descontinuidade nas bases materiais da economia, da sociedade e da cultura e, diferentemente de qualquer outra revolução, abala, na mais plena amplitude, os domínios da vida, não como fonte exógena de impacto, mas como elemento nuclear de um tecido que, desse elemento destituído, atualmente já não logra se desenvolver. Um aspecto adicional que se levanta em relação à revolução da tecnologia da informação é que, ao contrário das demais revoluções que ocorreram em uma área geográfica limitada do planeta, com lenta expansão para outras regiões, essa revolução difundiu-se celeremente por todo o globo em menos de duas décadas.

Hermínia Campuzano Tomé (2000) explicita como a revolução da tecnologia da informação produziu impactos na área científica, cultural, econômica, jurídica e social. Nesse sentido, a *sociedade da informação* chancela-se com as marcas vigorosas do progresso pelo fortalecimento das ciências, especialmente da tecnologia da informação; pela substituição da informação ao capital e ao trabalho como recurso estratégico da economia; e pela expansão dos riscos de base tecnológica. Impõe-se como uma sociedade cujos valores imateriais, dados, informação, conhecimento científico e tecnológico constituem a força motriz da formação e desenvolvimento sociais, fazendo surgir *a indústria e os serviços de informação* que abrangem

DEMOCRACIA DIGITAL: DEFINIÇÕES DE UMA NOVA CIBERPOLÍTICA

atividades de educação, pesquisa científica, fabricação de equipamentos e sistemas de informação e de comunicações, mercados e serviços financeiros, bibliotecas e banco de dados eletrônicos, biotecnologia e indústria farmacêutica. Mas a grande novidade dessa nova forma de organização reside na expansão do próprio conceito de *informação*, que abrange a imagem, a voz e todo e qualquer dado em formato digital.

Diante desse cenário, criam-se utopias tanto positivas como negativas. Essa nova forma de organização social, denominada de *sociedade da informação*, segundo alguns estudiosos, configura-se como uma oportunidade histórica de realização dos direitos de cidadania, especialmente das liberdades tanto de informação quanto de expressão. As possibilidades técnicas de informação e de comunicação permitem aos cidadãos desfrutar, em plenitude, direitos e liberdades, à medida que esses indivíduos dispõem de mais e de melhores meios de expressão, criação, participação e interação — o que amplia a participação democrática. Outros autores afirmam que a *sociedade da informação* agrava o risco de se ampliarem as desigualdades sociais, pelas condições de acesso, ou não, à informação, aumentando o fosso entre as classes sociais mais pobres e os economicamente favorecidos, além de representar um perigo de reforço da vigilância por parte dos *aparelhos de Estado* sobre os indivíduos.

Quanto a esse aspecto, Manuel Castells (2010) ressalta que a tecnologia da informação deveria ser utilizada para fortalecimento das democracias, ampliando a participação dos cidadãos na gestão dos recursos públicos. Ao invés de os governos utilizarem a internet para vigiar as pessoas, estas deveriam utilizar a rede para vigiar os governos — o que, de fato, representa um direito desses indivíduos, já que, teoricamente, o povo é o soberano. Os governos deveriam disponibilizar na web um amplo espectro das informações não sigilosas de interesse da coletividade, abrir um canal para solicitação de serviços públicos e possibilitar a fácil comunicação entre o povo e seus representantes. Entretanto, a maioria dos estudos e relatórios existentes descreve um quadro melancólico e, com a possível exceção de alguns países escandinavos, prevalece a aplicação dos recursos tecnológicos para vigilância e controle dos indivíduos, enquanto mecanismo de poder do Estado e não como um instrumento de fortalecimento da democracia participativa.

A característica básica da sociedade da informação incide no fato de a informação atuar como a matéria-prima por excelência do desenvolvimento social, político e econômico. Todo avanço tecnológico impulsiona-se tanto pela busca de uma gestão mais eficiente das informações já disponíveis quanto pela necessidade de incremento das comunicações, para que mais e mais informações sejam acessadas e transmitidas entre os diferentes atores. De outro lado — como em uma relação simbiótica —, a tecnologia também agrega mais valor à informação. Nas palavras de Maria Eduarda Gonçalves, o desenvolvimento tecnológico transformou de uma vez por todas o desempenho da informação nas diversas atividades humanas e sociais:

> Não há dúvida que foi o desenvolvimento do computador, com a sua capacidade de tratar e de guardar vastas quantidades de informação, e do sistema de comunicações que transformaram o papel da informação, de meramente auxiliar, num papel central em diversas atividades humanas e sociais. Os computadores convertem qualquer tipo de informação num formato digital que as redes de telecomunicações transmitem entre diferentes terminais de computador. A informação aparece-nos sob diversas formas e diferentes conteúdos. No contexto da sociedade da informação e devido ao uso das novas tecnologias, formas inovadoras de tratamento de informação tornaram possível organizar e apresentar sob formatos diversos uma maior quantidade de dados e/ou conhecimentos. [...] Numa economia de mercado, a informação pode ser objecto de produtos transacionáveis ou de serviços. São exemplos dos primeiros as edições profissionais especializadas, as bases de dados; exemplos dos segundos os serviços de acesso à Internet e à informação on-line. (GONÇALVES, 2003, p. 35).

A informação atualmente assume, diante do capitalismo, a posição que o petróleo exercia no início do século passado. Todavia a informação não se apresenta com a pretensão de substituir velhos recursos, mas apenas alterar o antigo modo de produção de riquezas. Hoje a linha de produção realiza-se de forma enxuta, e, particularmente, a área de marketing — pelo aumento da concorrência — requer cada vez mais profissionais habilitados não apenas na coleta, mas também na análise das informações, fator essencial à garantia de êxito nessa nova fase de desenvolvimento econômico. E se a informação se anuncia como o novo "petróleo", as bases de dados públicas denunciam-se como seu principal "jazigo". A iniciativa privada busca no setor público os mais diversos tipos de informação, o que faz surgir a preocupação com a necessidade de se *limitar e gerir o uso das informações* constantes nos bancos de dados públicos, sabendo-se que tais medidas produzirão reflexos diretos na economia, na política e na sociedade.

Essa necessidade de se promover uma "gestão mais eficiente das informações" faz surgir uma nova especialidade denominada segurança da informação. Trata-se da área responsável por assegurar a disponibilidade, a integridade, a autenticidade e a confidencialidade das informações. Por disponibilidade entende-se a possibilidade de acesso e utilização oportunos de informações por indivíduos e sistemas autorizados. Integridade significa que a informação não foi modificada, inclusive quanto à origem e ao destino. Autenticidade quer dizer que a informação foi produzida, expedida, recebida, modificada ou destruída por determinado indivíduo ou sistema. Por fim, confidencialidade significa acesso ou divulgação restritos, ou seja, sigilo. Hoje a segurança da informação está sendo implementada tanto pelo setor privado — como forma de garantir a continuidade do negócio, minimizar os riscos e maximizar os investimentos — como pelo setor público — especialmente para garantir a disponibilidade e a integridade dos documentos públicos, para controlar o acesso às informações sigilosas e para incrementar as atividades de governo eletrônico.

Essa supervalorização da informação acarreta uma cisão global entre países "ricos em informação" e países "pobres em informação", conforme relatório da Organização das Nações Unidas (ONU), de julho de 1999, intitulado *Globalization with*.

Avançando a 2021 e fazendo fé no Technology and Innovation Report da United Nations Conference on Trade and Development (UNCTAD), veremos que esta preocupação se mantem viva, dado que, logo no *Overview* do referido se pode ler que "Most of these issues have been voiced in developed countries. But the implications could be even more serious for developing countries — if poor communities and countries are either overwhelmed or simply left behind. (UNCTAD, 2021, p. xiii)[10]. Neste documento nos é trazido todo um leque de situações vivenciadas mundo afora e que efetivamente mostram distinções e distâncias não apenas culturais, mas de graves limitações de algumas nações não somente pelo fato de serem pobres, mas nas quais é de algum modo cerceado o acesso à livre informação à população que os habita.

No referido documento e a este respeito, trazemos ainda mais um excerto — entre tantos de excelente qualidade informativa — que revela o

---

[10] Tradução do autor: "A maioria dessas questões foi expressa em países desenvolvidos. Mas as implicações podem ser ainda mais sérias para os países em desenvolvimento — se as comunidades e países pobres forem sobrecarregados ou simplesmente deixados para trás".

que existe presentemente: "Technological progress is essential for sustainable development, but can also perpetuate inequalities or create new ones, either by limiting access to more privileged groups and affluent countries, or through built-in biases or unintended consequences. The task for governments is to maximise the potential offered by frontier technologies, while also mitigating harmful outcomes, and ensuring access for all. Countries at all stages of development need to promote the use, adoption and adaptation of frontier technologies, preparing people and firms for the new possibilities ahead." (UNCTAD, 2021, p. 97).[11]

Retomando nosso raciocínio, podemos dizer que os países que produzem conhecimento pela pesquisa e conseguem aproveitar esse know-how na implementação de novos produtos e serviços integram o clube dos chamados ricos em informação. De outro lado, há os países denominados "pobres em informação", aqueles que, por não serem desenvolvidos tecnologicamente, apenas "consomem" as pesquisas, produtos e serviços fornecidos pelos países mais avançados por meio de conglomerados ou redes de empresas coletivo (classe capitalista, empresa ou Estado). A unidade hoje contempla uma rede de empresas, formada por organizações de diferentes culturas que mudam a todo instante à medida que a tecnologia se desenvolve.

Outro aspecto negativo da sociedade da informação diz respeito ao surgimento de uma nova classe de desempregados: integrantes de classes sociais proeminentes eliminados do mercado em consequência das inovações tecnológicas, a exemplo do crescente uso de agentes inteligentes e da possibilidade de "produção à distância" com o teletrabalho[12]. Esses profissio-

---

[11] Tradução do autor: "O progresso tecnológico é essencial para o desenvolvimento sustentável, mas também pode perpetuar desigualdades ou criar novas, seja limitando o acesso a grupos mais privilegiados e países ricos, seja por meio de preconceitos embutidos ou consequências não intencionais. A tarefa dos governos é maximizar o potencial oferecido pelas tecnologias de ponta, ao mesmo tempo em que mitiga os resultados prejudiciais e garante o acesso a todos. Países em todos os estágios de desenvolvimento precisam promover o uso, adoção e adaptação de tecnologias de ponta, preparando pessoas e empresas para as novas possibilidades que virão".

[12] É de notar que, com o advento da pandemia de Covid-19, foi imposta à humanidade o distanciamento social, levando não somente à drástica diminuição de circulação de pessoas em vários ambientes sociais como, também, profissionais. O trabalho a partir de casa — teletrabalho — passou a ser uma realidade e, segundo pesquisa do World Economic Forum em 2021, 65% dos entrevistados responderam que preferem manter-se ativos à distância, mesmo após o fim das imposições legais de distanciamento social, enquanto 33% são favoráveis ao modelo híbrido (trabalho dividido entre casa e escritório) contra somente 2% que preferem voltar ao tradicional espaço de exercício de suas atividades profissionais. A razão para estes números são, conforme essa mesma fonte, que 84% não têm despesas de deslocamento; 75% poupam com vários custos (ver em: https://www.weforum.org/agenda/2021/04/survey-65-of-remote-workers-do-not-want-to-return-to-the-office/). Considerando pesquisa da Price Waterhouse Cooper (PwC) e do PageGroup, de 2022, o modelo de trabalho pós-pandemia entre executivos e colaboradores é o híbrido, com 46% e 40% respectivamente, com 1 ou 2 dias por semana no escritório. (Ver em: https://www.pwc.com.br/pt/estudos/preocupacoes-ceos/mais-temas/2022/modelos-de-trabalho-pos-pandemia.html).

nais — apesar de qualificados, "digitalmente alfabetizados" e "virtualmente conectados" — são dispensados diante do crescente uso de recursos computacionais e da possibilidade de "contratação à distância" de profissionais capacitados, disponíveis em países que oferecem mão de obra mais barata — tornando desnecessária a transferência da empresa ou a abertura de filiais.

Ainda que ligeiramente ao lado do assunto que temos estado a tratar, mas que de algum modo lhe é pertinente, referiremos a Medida Provisória n.º 1.108, de 25 de março de 2022[13], que traz nova visão à força laboral e como ela pode ser desenvolvida, suscitando nova lógica sobre os direitos do empregado, e o que pretende o Poder Executivo com esta norma é de "[...] aumentar a segurança jurídica dessa modalidade de trabalho" (JÚNIOR, 2022) que vem trazer alterações a determinados benefícios, quais sejam: de alimentação e definição desse novo modo de trabalho.

Outra característica marcante da sociedade da informação ostenta-se no intensivo uso de aparatos tecnológicos pelo setor privado. As corporações utilizam a rede como principal meio de comunicação e processamento de informações, transformando a prática empresarial. Além disso, surgem as chamadas empresas ponto com (empresas.com) — entidades privadas responsáveis pela infraestrutura da internet; pelo fornecimento dos canais de comunicação; pela fabricação dos equipamentos e programas de computador; por consultorias em tecnologia da informação; pela prestação de serviços de montagem de sítios e portais; pelo comércio eletrônico; e pela publicidade na web.

No âmbito público, os governos também canalizam vultuosos investimentos em tecnologias como forma de modernizar o Estado, diminuir a burocracia, reduzir custos, conferir maior transparência aos gastos públicos, melhorar a prestação dos serviços públicos e incrementar o relacionamento entre os cidadãos e a administração pública. Algumas atividades implemen-

---

[13] Referimos que essa Medida Provisória suscita debate, porque, além de ter que ser acautelado todo normativo da anterior, isto é, os contratos internacionais de trabalho, no Brasil, estavam sob a vigência do articulado da Lei n.º 7.064, de 6 de dezembro de 1982 (http://www.planalto.gov.br/ccivil_03/leis/l7064.htm), com a redação que lhe dava a Lei n.º 11.962, de 3 de julho de 2009, que "dispõe sobre a situação de trabalhadores contratados ou transferidos para prestar serviço no exterior" e que, no seu art. 1º é determinado: "Esta Lei regula a situação de trabalhadores contratados no Brasil ou transferidos por seus empregadores para prestar serviço no exterior.". Ver em: (https://www2.camara.leg.br/legin/fed/lei/2009/lei-11962-3-julho-2009-589176-publicacaooriginal-114126-pl.html) dá lugar a um conjunto de questões sobre os prós e os contras advindos para o empregado quando, estando fora do Brasil, podendo eventualmente ter desvirtuado seu regime contratual, com as amplas implicações que tal fato tem, ou possa vir a ter. Assim, essa Medida Provisória, de 25 de março de 2022, traz nova visão sobre as leis trabalhistas, com a justificativa de maior necessidade de expandir as áreas em que o trabalho remoto pode vir a ser realizado, mas sua aceitação não é pacífica.

tadas pelo governo eletrônico materializam-se no fornecimento on-line de certidões; na tramitação eletrônica de documentos públicos; na criação de portais com informações úteis sobre serviços públicos relevantes; na orientação dos cidadãos pela internet, utilizando as denominadas *frequently asked questions,* ou perguntas frequentes (FAQ); no ensino à distância; no Diário Oficial eletrônico; no peticionamento eletrônico; no pagamento e consulta on-line ao fisco; no pregão eletrônico e na integração dos órgãos por rede de comunicação de voz, de dados e de imagens em alta velocidade.

Observa-se também o crescente uso dos recursos de tecnologia da informação pelo Estado para controle e gestão das denominadas infraestruturas críticas do país, tais como energia, água, transporte, telefonia e saneamento urbano. Entretanto, a ampla utilização de recursos computacionais no gerenciamento das atividades, relacionadas à prestação desses serviços, implica temerárias vulnerabilidades, isto é, a possibilidade de exploração das falhas dos sistemas por indivíduos mal-intencionados. Hoje um ataque cibernético interromperia o fornecimento de água, de telefone ou de energia elétrica, atingindo cidades inteiras, isso sem mencionar a infraestrutura de transporte aéreo, controlada integralmente por computadores sujeitos às mais diversas falhas e a diferentes ameaças por indivíduos mal-intencionados[14].

Nesse contexto, um conflito estabelece-se na esteira da política de supervalorização da informação enquanto mecanismo de poder e de geração de riquezas, conduzindo à possibilidade da guerra informacional e, de maneira mais geral, ao surgimento de uma nova doutrina de segurança apropriada à era da informação. A capacidade de se obter uma informação crítica, poluir bancos de dados ou devastar sistemas-chave de comunicação torna-se uma arma nesse novo ambiente tecnológico.

Quanto mais um governo e uma sociedade dependem de sua rede de comunicação, maior sua exposição a ataques de hackers, de *crackers* e de organizações criminosas. Cresce, portanto, a incidência dos denominados cibercrimes, ou seja, crimes cometidos em meio eletrônico. Além dos ataques às infraestruturas críticas e aos sistemas informatizados dos organismos de defesa — característicos da guerra informacional ou guerra cibernética —, tornam-se cada vez mais comuns os ilícitos praticados em meio digital, mate-

---

[14] Assunto a ser tido muito em consideração, pelos imensos transtornos que pode gerar. O Brasil, segundo entendidos no assunto, é um dos países no mundo que mais sofre com ataques de hackers. Só no ano de 2022, o Brasil tem, em média por semana, "1.540 incidentes de cibersegurança [...] superior à média global de 1.200 ataques por semana.". Disponível em: https://olhardigital.com.br/2022/08/09/seguranca/ataques-ciberneticos- -brasil-cresce-46/. Acesso em: 10 ago. 2022.

DEMOCRACIA DIGITAL: DEFINIÇÕES DE UMA NOVA CIBERPOLÍTICA

rializados tanto no acesso indevido a informações armazenadas em bancos de dados ou transmitidas por meio de sistemas informatizados (violação da confidencialidade) quanto na alteração de dados armazenados em bancos de dados ou transmitidos por sistemas de comunicação eletrônica (violação da integridade), sem falar na falsificação de identidade e de dados (violação da autenticidade); estelionatos eletrônicos (*phishing scams*); na pornografia infantil; no racismo e na xenofobia; no atentado à propriedade intelectual e aos direitos conexos; nos danos por difusão de vírus; na invasão de privacidade; e na violação de sigilo industrial[15].

Segundo diversos autores, nomeadamente, Patrícia Peck (2002), Marco Aurélio de Mello (2007), Coriolano Camargo (2018), pesquisadores e consultores na área de segurança, as ameaças do mundo virtual espelham as ameaças do mundo real: estelionato, furto, invasão de privacidade, extorsão, pornografia infantil, jogos, fraudes, danos materiais e morais, enfim, tudo o que ocorre no mundo analógico pode ocorrer no digital.

Apesar da diferença que se impõe entre a manipulação de conexões digitais, bem como as entradas de sistemas em comparação aos arrombamentos de ambientes físicos, constata-se que os objetivos e os resultados não diferem entre si. Contudo, o rastreamento, a captura e a condenação desses criminosos revelam-se muito mais complexos, destacando-se esse traço como o grande diferencial que distingue os crimes cometidos no mundo real daqueles cometidos no mundo virtual. Os atacantes dispensam a proximidade física de suas presas — o criminoso pode situar-se tanto em um recinto contíguo ao ocupado pela vítima quanto em um país milhares de milhas distantes e atacar computadores onde quer que estejam —, complicando sobremaneira a investigação e a punição.

Ainda como característica da sociedade da informação, ressaltamos o extraordinário avanço na infraestrutura da comunicação com o advento da internet. A rede permite a troca de informações de forma surpreendentemente simples, rápida e com plena interatividade entre as pontas. Enquanto o serviço de radiodifusão baseia-se na transmissão de informações de um

---

[15] Os ataques se direcionam tanto ao cidadão comum, quanto a instituições. Qualquer pessoa e qualquer entidade, em qualquer parte do planeta é suscetível de ser hackeada. Caso não esteja suficientemente protegida, corre o sério risco de perder informações de grande importância para si, bem como bens e dados. Veja-se, por exemplo, entre tantas outras, notícias em: https://www.cnnbrasil.com.br/nacional/pf-faz-operacao-contra-suspeitos-de-ataque-hacker-no-ministerio-da-saude-em-2021/; https://g1.globo.com/profissao--reporter/noticia/2022/07/25/crimes-virtuais-no-auge-da-pandemia-fraudes-cometidas-no-mundo-digital--aumentaram-175percent.ghtml; e, ainda, https://cryptoid.com.br/conectividade-tecnologia-criptografia-id/ataques-ciberneticos-no-brasil-aumentaram-46-no-segundo-trimestre-de-2022/.

emissor para vários destinatários sem qualquer interatividade e o serviço de telefonia restringe a transmissão de informações de um único emissor para um único destinatário apenas, a web permite a troca de informações de muitos usuários para muitos outros ao mesmo tempo, e com total interatividade, revolucionando todo o sistema de comunicação.

A internet constitui-se uma das chamadas autoestradas da informação, ou seja, de meios de comunicação de massa que ultrapassam as fronteiras nacionais e compõem uma rede mundial. As redes locais interligam-se até formarem as redes nacionais, as redes nacionais, por sua vez, unem-se para constituir a rede internacional que, ao multiplicar-se, corporifica a infraestrutura global de informação, estrutura que Pierre Lévy Lévy (1999) denomina ciberespaço ou *cyberspace*. Segundo Lévy Lévy (1999), o ciberespaço é o conjunto integrado pela infraestrutura global de informação (internet), pelo universo oceânico de informações que ela abriga e pelos usuários, cientistas e técnicos responsáveis pela sua manutenção e desenvolvimento. A web — principal expressão do ciberespaço — difere-se dos demais meios de comunicação de massa por sua intangibilidade e estruturação descentralizada, o que permite a comunicação de todos para todos e o amplo acesso a informações em escala global, quebrando as barreiras de tempo e espaço.

Um exemplo desse amplo acesso é a informações em escala global, de forma fácil e rápida, que pode ser observado no site Google. A notável diversidade de acesso a buscas por meio desse recurso, em tantos idiomas diferentes, confere a esse motor de busca uma força niveladora de inefável competência. Nunca antes na história do mundo, tanta gente, por conta própria, usufruiu a possibilidade de encontrar tantas informações sobre assuntos e pessoas tão diversas. Independentemente da localização física, todas as pessoas dispõem das mesmas ferramentas, do mesmo acesso básico a dados gerais de pesquisa, podendo consultar informações a respeito do assunto armazenadas no mundo todo. Hoje, qualquer pessoa que tenha acesso às novas tecnologias por meio de iPads, iPods ou iPhones e smartphones, possuem o conhecimento dentro do bolso.

Além do Google, outro fenômeno que se oferece no mundo virtual como portal de relacionamento denomina-se Yahoo!Groups, que viabiliza a constituição de comunidades virtuais para troca de informações entre pessoas conhecidas ou não. Hoje já há mais de 300 milhões (5,1 bilhões) de usuários e 4 milhões de grupos ativos acessados por cerca de 13 milhões de pessoas do mundo inteiro. Para se ter informação mais atualizada a este respeito, e dados reais para o ano de 2022, sugere-se consulta ao sítio eletrônico DataReportal ([2022]), que nos fornece todo conjunto de dados a respeito da dimensão, acesso, razões de acesso e tipos de sujeitos que acedem a internet. Retomemos nosso raciocínio para dizer que essa ferramenta proporciona uma plataforma virtual para encontros privados, semiprivados ou públicos, independentemente de fatores geográficos ou temporais. Alguns grupos só existem em ambiente virtual, outros refletem comunidades já existentes no mundo real que agregam mais esse instrumento para comunicação e troca de informações.

Na sociedade da informação não se estabelecem, portanto, fronteiras físicas, traçadas em nível jurídico, político e territorial; o fluxo de informações é intenso e transnacional. Diante da dificuldade de se traçarem limites geográficos no mundo virtual, enfraquece-se até mesmo a soberania dos Estados, que não conseguem mais regulamentar nem controlar de forma individualizada os serviços de comunicação. Alguns países proíbem a comercialização interna de recursos criptográficos, utilizados para garantir o sigilo das comunicações, a fim de evitar que organizações criminosas se valham desses meios, o que acabaria com a possibilidade de acesso ao conteúdo das comunicações interceptadas pelos organismos estatais. Entretanto, acessando-se a própria rede, esses recursos podem ser adquiridos de forma gratuita ou onerosa. Assim, diz-se que os Estados já se veem inertes, impossibilitados de evitar, de forma isolada, os efeitos produzidos pela nova infraestrutura global de informação.

Elaborando um pouco mais a respeito das limitações criptográficas impostas aos usuários da web, segundo Bischoff (2022),

> The vast majority of countries have some kind of restriction on encryption technologies, whether it's import/export laws or law enforcement access to encrypted data. Severer restrictions are noted in places one might expect them, i.e. Russia and China, but heavy restrictions are also in place across many other countries, too. And with more and more legislation and investigative powers being introduced, restrictions are only set to increase in the coming months and years.[16]

---

[16] Tradução do autor. "A grande maioria dos países tem algum tipo de restrição nas tecnologias de criptografia, sejam leis de importação/exportação ou acesso de aplicação da lei a dados criptografados. Restrições mais severas são observadas em lugares que se poderia esperar, ou seja, Rússia e China, mas restrições pesadas também estão em vigor em muitos outros países. E com mais e mais legislação e poderes investigativos sendo introduzidos, as restrições só devem aumentar nos próximos meses e anos".

Existem nações nas quais a censura ao acesso à internet é superior a outras, nomeadamente e por ordem de imposição de limitações à sua população: Coreia do Norte e China; Irã; Belarus, Qatar, Síria, Tailândia, Emirados Árabes Unidos e Turquemenistão (BISCHOFF, 2022).

A respeito do caráter desterritorializante do ciberespaço e do enfraquecimento da soberania dos Estados, expõe Pierre Lévy (2002, p. 75):

> De fato, o ciberespaço é desterritorializante por natureza, enquanto o Estado moderno baseia-se, sobretudo, na noção de território. Pela rede, bens informacionais (programas, dados, informações, obras de todos os tipos) podem transitar instantaneamente de um ponto a outro do planeta digital sem serem filtradas por qualquer tipo de alfândega. Os serviços financeiros, médicos, jurídicos, de educação a distância, de aconselhamento, de pesquisa e desenvolvimento, de processamento de dados também podem ser prestados aos locais por empresas ou instituições estrangeiras (ou vice-versa) de forma instantânea, eficaz e quase invisível. O Estado perde, assim, o controle sobre uma parte cada vez mais importante dos fluxos econômicos e informacionais transfronteiros. Além disso, as legislações nacionais obviamente só podem ser aplicadas dentro das fronteiras dos Estados. Ora, o ciberespaço possibilita que as leis que dizem respeito à informação e à comunicação (censura, direitos autorais, associações proibidas etc.) sejam contornadas de forma muito simples. De fato, basta que um centro servidor que distribua ou organize a comunicação proibida seja instalado em qualquer 'paraíso de dados', nos antípodas ou do outro lado da fronteira, para estar fora da jurisdição nacional. Como os sujeitos de um Estado podem conectar-se a qualquer servidor do mundo, contanto que tenham um computador ligado à rede telefônica, é como se as leis nacionais que dizem respeito à informação e à comunicação se tornassem inaplicáveis.

Traçadas essas primeiras considerações, ressaltamos que, após a Revolução Agrícola e a Revolução Industrial, a revolução da tecnologia da informação eleva-se como a terceira grande transformação da humanidade. Todas as infraestruturas críticas passaram a ser controladas por meio de recursos computacionais; massificaram-se os meios de comunicação com o advento da microeletrônica; o Estado e a iniciativa privada aderiram à internet, utilizando-a para prestar serviços; recursos humanos foram substituídos por agentes inteligentes em linhas de produção específicas; o fluxo de informações

DEMOCRACIA DIGITAL: DEFINIÇÕES DE UMA NOVA CIBERPOLÍTICA

assumiu escala global, enfraquecendo tradicionais limites territoriais; surgiu uma nova especialidade denominada segurança da informação com intuito de gerenciar de forma mais eficiente as informações; enfim, consagrou-se um novo paradigma denominado sociedade da informação e, com ela, algumas indagações sobre segurança, sigilo e ética tentam ser respondidas e resolvidas por intermédio dos órgãos e comitês criados com essa finalidade. A exemplo, o Comitê Gestor da Internet no Brasil[17].

Inteligência coletiva

Para Pierre Lévy (2002), a inteligência coletiva é a partilha de funções cognitivas, como a memória, a percepção e o aprendizado. "Elas podem ser melhor compartilhadas quando aumentadas e transformadas por sistemas técnicos e externos ao organismo humano" (LÉVY, 2002, p. 65), no caso, os meios de comunicação e a internet. No entanto, "ela só progride quando há cooperação e competição ao mesmo tempo" (LÉVY, 2002, p. 65-66). Além do impacto das técnicas sobre a sociedade, os novos meios de comunicação permitem aos grupos humanos pôr em comum seu saber e seu imaginário. Como forma social inédita, a inteligência coletiva pode inventar uma "democracia em tempo real, uma ética da hospitalidade, uma estética da invenção, uma economia das qualidades humanas" (LÉVY, 2002, p. 67). Depois de ter sido fundado na relação com os 'comos' e na inserção no processo econômico, a identidade das pessoas e o vínculo social poderiam expandir-se no intercâmbio de conhecimentos.

Segundo afirma o autor, é do equilíbrio entre a cooperação e a competição que nasce a inteligência coletiva que se desenvolveu à medida que a linguagem evoluiu. A disseminação do conhecimento acompanhou a difusão das ideias a partir dos discursos, da escrita e da imprensa. Para o pensador "quanto mais os meios de comunicação se aperfeiçoam, mais ganha a inteligência coletiva" (LÉVY 2002, p. 43). Hoje a era é diferente, o mundo das

---

[17] Criado pela Portaria Interministerial n.º147, de 31 de maio de 1995, alterada pelo Decreto 4.829, de 3 de setembro de 2003, da Presidência da República. Compõe-se de "9 representantes do setor governamental, 4 do setor empresarial, 4 do terceiro setor, 3 da comunidade científica e tecnológica e 1 representante de notório saber em assuntos de Internet" (https://cgi.br/membros/). Das atribuições e responsabilidades desta entidade destacam-se: "a) o Estabelecimento de diretrizes estratégicas relacionadas ao uso e desenvolvimento da Internet no Brasil; b) o estabelecimento de diretrizes para a administração do registro de Nomes de Domínio usando <.br> e de alocação de endereços Internet (IPs); c) a promoção de estudos e padrões técnicos para a segurança das redes e serviços de Internet; d) a recomendação de procedimentos, normas e padrões técnicos operacionais para a Internet no Brasil e, e) a promoção de programas de pesquisa e desenvolvimento relacionados à Internet, incluindo indicadores e estatísticas, estimulando sua disseminação em todo território nacional (https://cgi.br/atribuicoes/).

ideias é o ciberespaço, é ele que permite a interconexão. Essa interconexão chamamos de multiverso, que nada mais é que um universo compartilhado em que pessoas podem interagir em tempo real com ambientes virtuais tridimensionais, permitindo uma conexão do mundo real e virtual, o que permite experiências imersivas que transcendem as limitações do mundo físico.

Segundo Lévy (2002), a inteligência coletiva pode ser dividida em inteligência técnica, conceitual e emocional. A primeira corresponde à inteligência que lida com o mundo concreto e dos objetos. A segunda relaciona-se ao conhecimento abstrato e que não incide sobre a materialidade física. A terceira representa a relação entre os seres humanos e o grau de paixão, confiança e sinceridade que a envolve, e tem a ver com o direito, a ética e a moral. Segundo ensina, no mundo atual as ideias são o capital mais importante e este só pode ser adquirido quando as pessoas pensam em conjunto. Por conta disso, se faz necessário a produção de três capitais: a) o técnico, que vai dar suporte estrutural à construção das ideias e pode ser exemplificado pelas estradas, prédios, meios de comunicação (coisa); b) o cultural, mais abstrato, representado pelo conhecimento registrado em livros, enciclopédias, na *World Wide Web* (signo); e c) o social, que corresponde ao vínculo entre as pessoas e grau de cooperação entre elas (cognição).

O capital técnico gera as condições necessárias para a disseminação dos capitais cultural e social que, por sua vez, criam o capital intelectual, ou seja, todas as ideias inventadas e depreendidas pela população e que, uma vez expostas, passam ao domínio público. Esse capital é o núcleo de toda a inteligência coletiva.

Lévy (2002) acredita que se a inteligência coletiva está amplamente distribuída pela natureza, ela possui certos traços que fazem dela exceção. A inteligência coletiva humana goza da liberdade e da responsabilidade dos seus membros, enriquecendo-os em troca. Ele salienta que, no reino animal, os seres humanos são os únicos que são capazes de aprender enquanto espécie, daí ser o homem um ser cultural e, porque é cultural, a inteligência coletiva humana aperfeiçoa-se continuamente.

Há algumas dezenas de anos, nossa espécie deu um salto de inteligência coletiva do qual a expansão do ciberespaço é o sinal e o instrumento. Abandonando os dogmas e os métodos autoritários de planificação, demos lugar a processos de cooperação e de competição cooperativa na produção de saberes. Cada vez menos exigindo a obediência em pirâmides de poderes burocráticos, multiplicam-se as inteligências umas pelas outras.

DEMOCRACIA DIGITAL: DEFINIÇÕES DE UMA NOVA CIBERPOLÍTICA

Para Levy (2002), as grandes etapas da evolução cultural correspondem a mutações nos processos de inteligência coletiva que estão quase sempre ligadas a mudanças na vida da linguagem, sendo que a linguagem é precisamente tudo aquilo que possibilita a cultura. Seguindo a linha da evolução cultural, descobrimos que algumas invenções logotécnicas afetaram muito os modos de criação, reprodução e difusão das formas culturais, ganhando, em cada etapa, mais potência e inteligência coletiva. Antes de tudo, ele salienta que a escrita deu memória à linguagem e uma presença autônoma independentes do sopro ou do corpo da pessoa que fala.

Depois o alfabeto tornou a escrita universal, acessível a todos. A partir disso, a imprensa proporcionou às formas de linguagem um meio de reprodução automática. Por fim, a interligação dos computadores que cria um meio ubíquo para todos os signos culturais, a sua reprodução e suas aceleradas mutações, na formação da capacidade de ação autônoma em formato de software. Assim, todas as formas de comunicação eletrônica, do telégrafo à televisão, passando pelo telefone, gravação de som e rádio, foram apenas embriões que hoje convergem no grande corpo virtual do ciberespaço, que representa uma esfera de inteligência coletiva em expansão acelerada, omnipresente e sem limites, composta de sinais ativos e interligados. Utilizando o ciberespaço, a civilização que vem aí prossegue deliberadamente o aperfeiçoamento da inteligência coletiva. Essa demanda que se manifesta como ciberdemocracia não pode dissociar-se de uma ética.

Lévy (2002) afirma que temos muita dificuldade em ver o desenvolvimento dos conhecimentos, a acumulação da memória, a melhoria das cooperações e das comunicações, a inteligência coletiva. Ele afirma que o reino da caridade já é presente, havendo duas cidades, uma visível com hierarquias de dinheiro, poder e prestígio, o reino da pobreza, em que todos se combatem e invejam sob o olhar dos meios de comunicação. Já a invisível que não tem partido, com suas ligações entre almas, suas trocas de serviços e de saberes, a sua riqueza transbordante, a sua eficácia direta, sua visão a longo prazo, sua compaixão pelo sofrimento dos seres. Da cidade da felicidade que fundamenta a existência em sociedade é que os media nunca falarão.

Qualquer ato de comunicação torna-se uma operação de relações públicas, um elemento de uma estratégia de imagem. A futilidade representa apenas a manifestação mais visível do espírito humano, por isso mesmo não deve ser confundida com a totalidade do real. Estamos numa sociedade da transparência e, ao mesmo tempo, na cidade do ruído, dos media e dos automedia, da república do narcisismo e dos partidos em guerra. O silencioso reino do coração e da inteligência coletiva forma a base, obscura e bem escondida, das cidades das aparências.

Para Lévy (2002), a política da inteligência coletiva, no sentido mais pleno, deve ser uma ética na qual o resultado do diálogo possibilita um mundo mais rico pelo entrelaçamento dos laços do conhecimento. Sendo assim, não só o mundo coletivo ficaria mais complexo como também mais unido e mais ordenado. Na época do manuscrito, a inteligência coletiva desdobrava-se no tempo, os hermeneutas faziam os comentários por meio do diálogo de um século para outro. Na época da imprensa, a comunidade científica inventa a inteligência coletiva simultânea: todos os seus membros levam as descobertas dos outros em consideração, recusam argumentos dogmáticos, não escondem nada de seus procedimentos. O ciclo sem fim da teoria e da experiência transformou o mundo a partir do século 16.

Na era do ciberespaço, o conjunto da sociedade humana participa da inteligência coletiva na qual a produção de conhecimentos em tempo real e a aprendizagem permanente mobilizam continuamente as mentes e as suas comunidades virtuais, numa cooperação competitiva. Com a disponibilidade das câmeras web, tudo é visível de qualquer lugar. Quanto mais prática a interligação e a inteligência coletiva, mais a humanidade se conhece diretamente sem mediação de poderes parciais.

Assim, afirma Lévy (2002), a cibercultura com suas comunidades virtuais e suas hiperligações exige pessoas treinadas para o diálogo sincero e o imbricamento de pensamentos e não indivíduos formados para manipulação persuasiva. Mas para que isso ocorra, precisamos abandonar "a cultura de argumentos, partidários e acusadores para abrir caminho para uma geração de justos." (LÉVY, 2002, p. 39).

Na atualidade, a opinião pública molda-se, cada vez mais, em listas de discussões, fóruns, salas de conversação, redes de sites interligados e outros dispositivos de comunicação próprios das comunidades virtuais. Por conta disso, num grupo de discussão, o texto de um jornalista irá se distinguir cada vez menos da opinião de um especialista de renome ou de um internauta de escrita fácil. A maioria das comunicações no ciberespaço estão adquirindo um caráter público no qual os sujeitos frequentadores das comunidades virtuais fazem passar de uma para a outra as informações que consideram pertinentes. Tudo que encontramos em um site pode ser visto e indexado pela via de um link de hipertexto por todos os internautas, em todo o mundo.

DEMOCRACIA DIGITAL: DEFINIÇÕES DE UMA NOVA CIBERPOLÍTICA

A esfera pública está em crescimento e em contínua reorganização. Ela vai desdobrando-se e particularizando-se em pequenas e médias comunidades, cola-se aqui e acolá, floresce noutro ponto, reconstitui uma singularidade nesta ou naquela semântica. É aquilo a que poderíamos chamar de caráter "fractal" da conversação ou da inteligência coletiva no ciberespaço. Dessa forma, ao invés de apenas multiplicarem num único nível, as suas formas complexas e dinâmicas reproduzem-se em todas as escalas e passam de um nível ao outro no seio da rede viva, móvel e em expansão da inteligência coletiva da humanidade.

O ciberespaço

Um dos precursores da teoria da comunicação, Marshall McLuhan, em 1964, publicou a obra *Os Meios de Comunicação como Extensões do Homem*, na qual formulou há mais de 30 anos o conceito de "aldeia global". Ao perceber a agilidade e rapidez com que os meios de comunicação desenvolviam novas tecnologias, vislumbrou um novo tipo de sociedade tomada pelas mídias eletrônicas que, ao aproximarem as pessoas em todo o mundo, permitiriam a comunicação e a troca de conhecimento entre elas, como se estivessem em uma aldeia global. Ao criar um novo espaço de expressão, conhecimento e comunicação humana, a internet, como uma rede mundial de computadores, concretizou essa expectativa.

O ciberespaço é um ambiente virtual possibilitado pela integração de redes de computadores, ou seja, pela internet. Ele não existe fisicamente, apenas virtualmente. Pode-se afirmar que o ciberespaço diz respeito a uma forma de virtualização informacional em rede. Por meio da tecnologia, os homens, mediados pelos computadores, passam a criar conexões e relacionamentos capazes de fundar um espaço de sociabilidade virtual.

O termo *ciberespaço* foi criado por William Gibson, em 1984, no livro *Neuromancer*, para definir um espaço virtual composto por cada computador e usuário conectados em uma rede mundial. Como mundo virtual, o ciberespaço é um espaço intermediário, pois, mesmo sem ter entidade física concreta, não se desconecta do mundo real, mas supre o espaço físico tridimensional com uma nova camada eletrônica. Existe em um local indefinido, desconhecido, desterritorializado, cheio de possibilidades em que são disponibilizados variados meios de comunicação e interação, nos quais se realizam não somente transações econômicas e comerciais, mas também relações sociais e afetivas.

A base contextual do ciberespaço está na nova dinâmica de publicar, difundir e receber qualquer conteúdo, a qualquer hora e em qualquer lugar do mundo. "Ele retrata uma nova topografia (virtual) onde as vias de locomoção (conexões) levam a lugares (sites) de informações. O percurso tela a tela evoca um sentido de deslocamento com lógica própria e sem grande esforço de circulação" (LÉVY, 1998, p. 34). De início, a necessidade de maior velocidade na transferência de dados levou a implantação das redes. Posteriormente, como recurso complementar, foi implementado um sistema de correio eletrônico, com a finalidade de permitir o diálogo entre as pessoas.

Desse modo, além de servir como via de discussões formais, as redes logo se transformaram em canais de interação social, tanto para diversão e bate-papo informal quanto para troca de conhecimentos e experiências. Mas parece acertado dizer que desde o início foi o caráter interativo de comunicação que seduziu as comunidades virtuais, ou seja, os grupos de pessoas que, por afinidade ou interesses comuns, desenvolvem laços de sociabilidade.

Comunidades virtuais

O desenvolvimento das comunidades virtuais, grupo de pessoas em relação pela via do ciberespaço, configura-se como um dos eventos mais importantes dos últimos anos, no que se refere à forma de socialização. As comunidades virtuais tiveram e continuam a ter grande crescimento, especialmente entre as gerações mais jovens. Segundo Lévy (1998), as comunidades virtuais começaram a se desenvolver mais de 15 anos antes do surgimento da *World Wide Web*, e são exatamente essas que constituem o fundamento social do ciberespaço e a chave da ciberdemocracia.

O ser humano, ao longo de sua existência, sempre necessitou de outros homens para, a partir das relações interpessoais, construir sua dimensão como pessoa humana. Não sendo uma ilha, o homem que nasce, cresce e morre em sociedade tem maior chance de desenvolvimento quando vive em grupo, ao invés de isolado. Como nos ensina Lévy (2002, p. 22), na cooperação vicinal, "os vizinhos constatam que eles são interdependentes e isso os leva a harmonização, se possível, de seus direitos e deveres".

Cada indivíduo é singular, porém tende a associar-se ou dissociar-se, de acordo com seus interesses. Em toda forma de união ou separação, existe um processo social entre indivíduos ou grupos. Esses processos sociais caracterizam-se pela interação social e pressupõem o contato entre ao menos dois indivíduos. A interação é responsável pela alteração significativa dos móveis que os unem, ou seja, seus motivos e propósitos podem ser modificados à medida que novos grupos e novos atores sociais entram em cena.

Os grupos sociais como "uma coletividade identificável, estruturada, contínua, de pessoas que desempenham papéis segundo determinadas normas, interesses e valores sociais, para a consecução de objetivos comuns" protagonizam, conforme nos ensina Joseph Fichter (1967, p. 16), diversas transformações sociais que orientam as mudanças durante o curso da história. Como exemplo, vejamos o caso da Revolução Francesa que, no seu início, teve os grupos intelectuais iluministas e burgueses como principais idealizadores e motivadores, enquanto o grupo que representava o Antigo Regime tornou-se o alvo da revolta. Em seguida, o grupo de burgueses e intelectuais que detinha o poder naquele momento, devido a conflitos de interesses, subdividiu-se em girondinos e jacobinos. Essa divisão altera novamente o rumo da história francesa.

São inúmeros os fatores que fazem emergir os grupos sociais, entre eles podemos falar de fatores religiosos, políticos (partidos políticos ou organizações), esportivos, familiares, econômicos etc., que podem estar divididos por sexo, cor, idade, profissão, classe econômica. Podem, também, ter característica local, regional, nacional ou internacional. Durante a sua existência e em cada etapa da vida, o indivíduo é inserido ou se insere em diferentes ambientes sociais, em diferentes grupos sociais, ou em uma pluralidade de grupos que irão colaborar para a construção contínua de sua identidade, tanto individual (subjetiva) quanto social e política.

A identidade aqui colocada refere-se às representações inevitavelmente marcadas pelo confronto com o outro e pelo próprio reconhecimento social da diferença. Como a fonte de significado e experiência de um povo, ou ainda, como um processo de "construção de significado com base em um atributo cultural ou um conjunto de atributos culturais interrelacionados" (CASTELLS, 2003, p. 95).

Essa construção identitária dentro do meio em que se está inserido acontece pelo conhecimento de si mesmo e dos outros e, também, de como os outros o enxergam. Eva Maria Lakatos (1990, p. 25) afirma que um processo social permite que "a personalidade individual se desenvolva e se relacione com a sociedade", e esse relacionamento tem como forma básica a transmissão de informação mediante a fala, sinais, símbolos e textos, traduzidos como diferentes tipos de comunicação.

A comunicação, segundo Eva Maria Lakatos (1990, p. 25), é "aquela que tanto supõe quanto produz uma interação bilateral, isto é, em que os dois polos — transmissor e receptor – apresentam relação de ambivalência", e sua concretização depende dos canais pelos quais as mensagens são transmitidas. A imprensa de Gutenberg, o rádio de Nikola Tesla, a televisão e a internet surgem como uma nova via de comunicação e são usados como ponte para conectar pessoas e grupos com ideais semelhantes, criando e fortalecendo laços sociais. Hoje os meios de comunicação são os principais veículos de informação e de formação de opinião.

O sociólogo britânico Anthony Giddens (1999) ressalta enfaticamente o valor e a importância social da comunicação. Para ele,

> A revolução das comunicações e a difusão da tecnologia da informação estão profundamente ligadas a processos de globalização. [...] Um mundo de comunicação eletrônica instantânea, em que até aqueles nas regiões mais pobres estão envolvidos, perturba instituições locais e padrões cotidianos de vida. A influência da televisão por si só é considerável. Muitos comentadores concordam, por exemplo, que os eventos de 1989 na Europa Oriental não teriam se desdobrado tal como o fizeram não fosse a televisão. (GIDDENS, 1999, p. 65).

O fluxo de informação propiciado pelo ciberespaço alcança até as áreas mais remotas do mundo, e a internet transforma-se numa luz sobre a vida de quem sempre viveu às escuras. Como é impossível impedir o acesso a tudo que se mostra "nocivo" aos sistemas fechados, é possível crer na internet como uma arma de mudança, pois, como Kelsen (2000, p. 48) afirma, "a minoria, que não está completamente equivocada nem absolutamente privada de direitos, pode tornar-se maioria a qualquer momento".

CAPÍTULO 3

CIBERDEMOCRACIA:
UM NOVO MODO DE DEMOCRACIA

Este capítulo traz para conhecimento e reflexão a questão da emancipação em tempo real, o espaço público e a governança na ciberdemocracia na perspectiva desenvolvida por Lévy, em sua obra *Ciberdemocracia*, editada em 2002, que traz em seu bojo o entendimento de que quanto maior for a comunicação, maior será o grau de liberdade, não apenas no ciberespaço, mas, também, na ciberdemocracia.

Ciberlibertarismo

Para falar de ciberdemocracia e de governança, é necessário, segundo entendemos, falar do "ciberlibertarismo", que é uma forma de "libertarianismo" que vê a internet ou o ciberespaço como um meio de alcançar a existência individual sem os controles governamentais. De um modo geral, os libertários não acreditam em autoridade coerciva, e, por isso mesmo, postulam a redução extrema do Estado. Para eles, os ciberlibertários, a melhor forma de fazer isso seria por meio da internet.

A primeira organização sem fins lucrativos voltada para a defesa das liberdades civis no mundo digital, a Eletronic Frontier Foundation (EFF), foi criada por Mitch Kapor, John Gilmore e John Perry Barlow, em julho de 1990, e teve por finalidade a proteção do acesso a tecnologias em desenvolvimento e a garantia de liberdade para todos. Nos anos que se seguiram, a organização atuou em defesa de algumas causas e, em 1996, como resposta ao ataque à liberdade e à independência na rede feita pelo Telecommunications Act, assinado pelo presidente americano Bill Clinton, John Perry Barlow escreveu um dos textos mais importantes sobre governança na internet, a famosa "Declaração de Independência do Ciberespaço". Dirigindo-se aos governos mundiais, diz:

> We have no elected government, nor are we likely to have one, so I address you with no greater authority than that with which liberty itself always speaks. I declare the global social space we are building to be naturally independent of the tyrannies you seek to impose on us. You have no moral right to rule us nor do you possess any methods of enforcement we have true reason to fear. (BARLOW, 1996, p. 2).

Milton Mueller, professor da Universidade de Syracuse, ao tratar do "ciberlibertarismo filosófico" em sua obra *Networks and States*, em 2010, mostra que esse problema fora prevalente desde os primórdios da internet, mas que, ultimamente, vem perdendo força.

> Normative stance is rooted in the Internet's early promise of unfettered and borderless global communication, and its largely accidental and temporary escape from traditional institutional mechanisms of control. (MUELLER, 2010, p. 6).

O ciberlibertarismo, como uma posição filosófica defensora da liberdade de escolha dos indivíduos, consumidores, associações e coletividades na rede, defende também que o Estado, ou Estados, deve ter nessa sociedade um papel fundamental, mas, contudo, limitado. Por conta disso, não deve ser confundido com o ciberanarquismo, que advoga o afastamento total do Estado nas questões da internet.

> Denationalized liberalism favors a universal right to receive and impart information regardless of frontiers, and sees freedom to communicate and exchange information as fundamental and primary elements of human choice and political and social activity. (MUELLER, 2010, p. 6).

A ideologia do ciberanarquismo, de acordo com Mueller (2010), assume a presunção que o indivíduo tem o direito universal de receber e divulgar informações independentemente de fronteiras, e vê a liberdade de intercâmbio de informação como um dos elementos fundamentais para escolha humana, social e política. Para ele, "governance should emerge primarily as a byproduct of many unilateral and bilateral decisions by its members to exchange or negotiate with other members (or refuse to do so)" (MUELLER, 2010, p. 11). Segundo afirma, as decisões sobre governança na internet devem, primariamente, ser criadas e tipificadas como biproduto das relações unilaterais e bilaterais dos intercâmbios e negociações dos próprios usuários. "Denationalized liberalism strives to make Internet users and suppliers an autonomous, global polity" (MUELLER, 2010, p. 32).

Um liberalismo desnacionalizado será o rumo que a sociedade globalizada deve tomar, tornando a internet autônoma para tipificar uma política global para o seu uso de acordo com suas idiossincrasias paradigmáticas. Em sua essência, é um idealismo manifesto na liberdade de informação, ação e associação.

> Just as it is legitimate and necessary to insist on citizens' procedural rights with respect to the exercise of content regulation by their states, so it is legitimate, necessary — and far more important – to insist on eliminating as much censorship as possible in line with substantive free expression rights. We must uphold the concept of freedom of expression, and insist on the right of individuals to access information and communication others regardless of what state they reside in. We must, in other words, question the scope of national sovereignty over communications. If citizens a right to be informed that their government is blocking access to external information, then perhaps it is not too crazy to ask whether they also have a right to get that information without interference by their national government. If people have rights and expectations regarding the procedural mechanisms by which censorship is exercised, then perhaps they should also have rights and expectations about the minimizing the scope of censorship. The governance of the Internet needs to explicitly recognize and embrace the principle that there are limits to national sovereignty over the flow of information. This claim is based on the truth that there are many transnational communities or polities, created by global electronic communications, whose individual members have their own intrinsic rights to communication among themselves. (MUELLER, 2010, p. 130).

A nossa linha de pensamento coaduna-se com a do autor à medida que mostra que deve existir limites na soberania da informação de cada Estado para que seja possível minimizar o fantasma da censura que ronda todas as discussões sobre regulação e governança da internet. É preciso defender o conceito de liberdade de expressão e insistir no direito dos indivíduos de acesso às comunicações e informações, independentemente do Estado em que residem. Para isso se faz necessário que a questão da liberdade de expressão e associação seja analisada a um nível mundial e não apenas estadual ou nacional. Tarefa árdua, porque, nessa perspectiva, será necessário que os Estados sacrifiquem um pouco de sua soberania pelo bem mundial, e tal atitude vai de encontro ao entendimento da soberania absoluta do estado.

> Denationalized liberalism embraces both property and commons and seeks to leverage their complementarities. It recognizes the coexistence and interdependence of markets, exclusive property rights, and shared/unowned resources in communication and information. It rejects the false idea that commons and property are mutually exclusive, totalizing principles for economic organization, seeing them instead as distinctive methods of organizing access to resources with their own virtues and failings. (PAGER; CANDEUB, 2012, p. 13).

A emancipação em tempo real e o novo espaço público

A invenção da escrita talvez tenha sido o principal marco histórico das comunicações humanas. Posteriormente, com a evolução dos alfabetos e da prensa, o tempo acelerou para se tornar revolucionário: revoluções científicas, religiosas, industriais e políticas. Nessa caminhada, o surgimento do ciberespaço constitui-se em novo salto fundamental para a história do desenvolvimento do homem, em que a velocidade normal da evolução cultural deu lugar a uma velocidade virtual/real da informação instaurada pela velocidade dos media eletrônicos.

A aceleração tecnológica desenfreada desse final de século vem alterando a nossa concepção do espaço e instaurando nova forma de experiência do tempo, substituindo a noção de tempo-duração por tempo-velocidade e a instantaneidade das relações sociais. O tempo advindo das novas tecnologias eletrônico-comunicacionais é marcado pela interatividade on-line, fato constatado nas telepresenças realizadas em tempo real que alteram o nosso entendimento de tempo e espaço.

Mas se o espaço material organiza o tempo, a emergência de um tempo-real das redes comunicacionais colabora para uma sensação de aniquilamento do espaço pelo tempo, na forma de um espaço virtual. De modo geral, podemos dizer que o tempo-real também implica a organização de novas relações sociais que se expressam na formação de um espaço virtual e na reestruturação do espaço concreto preexistente, provocando intenso processo de inclusão e exclusão de lugares e pessoas na rede. Nessa perspectiva, talvez possamos dizer que a emancipação em tempo real seria a materialização do desejo pessoal em uma nova velocidade de aprendizagem coletiva. Dizer, ainda, que a civilização do tempo real apresenta uma forma de organização social na qual a ficção científica se tornou tão importante, senão mais, quanto as Ciências Sociais para compreender o mundo contemporâneo.

No entendimento de Lévy (2002), é possível pensar o ciberespaço como um enorme hipertexto, no qual se "navega" de uma tela para outra, sempre em ligações de contexto por meio uma palavra ou um ícone. No processo clássico, na leitura de um documento, o processo motor da interatividade situa-se entre a memória subjetiva do leitor e o objeto (documento). No ciberespaço, a conexão imediata pode disponibilizar, em tempo real, outro universo de informações também navegáveis, de forma instantânea e reversível.

Para Lévy (2002), a virtualização é uma dessubstancialização que se inclina na desterritorialização em que a tecnologia encontra a rua. Um tipo de estrada consensual experimentada por milhões de operadores conectados — vizinhos virtuais — nesse espaço que eles mesmos criaram, para uma visão simultânea do mundo, inscritos no tempo real da emissão e recepção, na passagem sucessiva do privado ao público, do interior ao exterior e vice-versa. A subjetivação e a objetivação são dois movimentos complementares desse processo. Segundo entende, o real, o possível, o atual e o virtual não se excluem, são complementares e possuem uma dignidade ontológica.

Ainda segundo Lévy (1996), enquanto a virtualidade adentra questões da representação da imagem para o indivíduo que acessa informações, o ciberespaço aborda os meios de relacionamento entre indivíduos que acontecem por meio de interfaces intrinsecamente virtuais. Embora a virtualidade seja um conceito independentemente da existência de meios tecnológicos de difusão de informações, o ciberespaço necessita da virtualização para viabilizar o provimento de dados. Isso significa que, ao disponibilizar na internet e, consequentemente, dentro do ciberespaço, uma pintura qualquer, é necessário que a imagem seja tornada virtual, isto é, uma representação digital ilusória daquilo que seria um objeto da realidade. O ciberespaço, ao funcionar como um novo lugar de sociabilidade, proporciona, também, novas formas de relações sociais, com códigos, estruturas e especificidades próprias.

Para descrever o que é ciberdemocracia, Lévy (1996) irá utilizar-se de um neologismo dos anos 1980, referindo-se à cibernética — corrente científica transdisciplinar, dos anos 1940 e 1950, que consagrou as noções de informação e de comunicação no mundo científico. Época em que todas as ciências se voltam às ciências da informação e da comunicação.

Palavra de origem grega, cibernética = *kibernetiké*, significa piloto, timoneiro, o que governa o timão da embarcação, o homem do leme. Como ciência que estuda homens, animais e máquinas como um todo, está mais interessada nas semelhanças que nas diferenças entre esses três reinos. Nasceu em 1942, impulsionada por Nobert Wiener e Arturo Rosenblueth Stearns, com o objetivo de promover "o controle e a comunicação no animal e na máquina ou, ainda, desenvolver uma linguagem e técnicas que nos permitam abordar o problema do controle e a comunicação em geral" (WIENER E STEARNS, 1942, p. 25). Nos anos 60, a cibernética deu grande impulso à teoria da informação.

A governação das sociedades passa por um ciberespaço, no sentido lato, ou seja, pelo universo da linguagem humana tal qual é estruturada por certa ecologia da comunicação num dado momento. Porque transformam e aumentam as capacidades da linguagem humana, as técnicas de comunicação desempenham papel fundamental na evolução da governação política. Tentando explicitá-la, Lévy (2002) faz-nos recordar o nascimento e a solidificação do Estado e da lei, os quais não podem ser desassociáveis à invenção da escrita, visto que a cidadania e a democracia pressupõem o conhecimento do alfabeto que gera a possibilidade de o cidadão ler, aplicar e criticar a lei além de participar da sua elaboração.

Para Lévy (2002), a imprensa veio permitir a edificação dos Estados--nação e o desenvolvimento das opiniões nacionais, graças a uma esfera pública inicialmente estruturada pelos jornais e, posteriormente, pelo rádio e pela televisão. Isso faz surgir um novo espaço público de interação de um novo meio de comunicação que integra todos os media anteriores — a rede telefônica mundial, a televisão por satélite e a multiplicidade dos canais televisivos, e agora, a interligação mundial dos computadores. Esse novo espaço redefine radicalmente as condições da governação que provavelmente irão gerar novas formas políticas, ainda imprevisíveis.

Dessa forma, o ciberespaço traz-nos mais liberdade individual e coletiva e mais comunicação e interdependência, pois permite uma liberdade de expressão e de comunicação em escala planetária, absolutamente sem comparação a tudo quanto autorizavam os media anteriores. As tecnologias intelectuais do ciberespaço permitem um acréscimo da capacidade técnica em todos os campos. A própria natureza da cidadania democrática passa por uma profunda evolução, caminhando no sentido de um aprofundamento da liberdade:

> Desenvolvimento do ciberactivismo à escala mundial, organização das cidades e regiões digitais em comunidades inte-

DEMOCRACIA DIGITAL: DEFINIÇÕES DE UMA NOVA CIBERPOLÍTICA

> ligentes, em ágoras virtuais, governos eletrônicos cada vez
> mais transparentes à serviço dos cidadãos e voto eletrônico.
> (LÉVY, 2002, p. 42).

Com o alargamento de todas as liberdades, assim como na evolução dos costumes, a interligação e a interdependência se densificam todos os dias. No universo empresarial, há cada vez mais alianças transnacionais; na bolsa, os movimentos repercutem instantaneamente na rede planetária. Os hipermercados e lojas virtuais ou as universidades em linha lançam os seus produtos a todos os mais longínquos cantos da internet do mundo. Jovens estudam e jogam em espaços virtuais independentes de fronteiras nacionais, os agrupamentos políticos continentais compensam as fragmentações regionais identitárias.

Para Lévy (1998), é principalmente na área da comunicação que o crescimento da interligação, medida pela liberdade de expressão permitida pela *World Wide Web* (WWW), é mais forte. Observamos que caminhamos rapidamente para uma situação em que todos os documentos e todos os sinais produzidos pela nossa espécie farão virtualmente parte de um único metatexto planetário. Esse tecido vivo ou esfera do espírito irá se materializar em cultura ou ambiente do sentido humano, composto pelo entrecruzamento ativo e a interligação criativa de todas as vozes.

Sabemos que a liberdade é uma condição essencial para a obtenção de uma diversidade máxima dos saberes, das ideais e dos recursos. Com tanta diversidade, exige-se a mais densa das interligações e o mais aberto meio de comunicação. Segundo Lévy (1998), essas receitas de potência criativa ou de inteligência coletiva podem ser aplicadas ao mercado, à cidade democrática e à comunidade científica, fazendo com que a ciberdemocracia seja uma espécie de aprofundamento e de generalização por parte de tais abordagens e de uma diversidade livre em espaços abertos de comunicação e de cooperação.

Compreendemos que com a noção de democracia vem a ideia dos direitos e das liberdades, que implica na dignidade do cidadão e a da deliberação, do debate e da busca comum das melhores leis e, portanto, no que a inteligência coletiva tem de mais nobre: a procura por uma regra justa, imparcial, universal. Nessa perspectiva, a democracia compreende uma ideia de liberdade e de inteligência coletiva, e o ciberespaço colabora para uma liberdade de expressão e de navegação, em esfera informacional, infinitamente maior do que todos os media anteriores, tornando-se uma ferramenta sem precedente de inteligência coletiva.

Passamos por uma época em que a democracia e o ciberespaço vão gerar-se mutuamente num anel autocriador de que a comunidade científica internacional foi a iniciadora e a primeira beneficiária. A mudança cultural em curso traz uma violência que vai além da esfera exterior, fatual, material e medível da economia e da técnica, implicando também nas aprendizagens fundamentais da mente humana. Nela, o destino da democracia e do ciberespaço estão intimamente ligados, visto que ambos representam aquilo que a humanidade tem de mais essencial: a aspiração à liberdade e à potência criativa da inteligência criativa.

As correntes mais positivas sustentam, em sua maioria, que o uso em exponencial das redes telemáticas seria capaz de alterar de modo imperativo as relações sociais e políticas, possibilitando maior distribuição de informação, sedimentando laços comunitários, redescobrindo a participação social do cidadão e gerando, com isso, novas formas de relações com o poder. Não estamos aqui a afirmar que existe um novo sistema político (que suplantaria o sistema democrático moderno atual), mas essa perspectiva está bastante condizente com o conceito de uma "revolução digital" ou o advento de uma "sociedade da informação".

Outras correntes posicionam-se de forma mais conservadora, definindo essa metamorfose como um nível de reajuste do sistema democrático liberal e admitindo consequências importantes (como maior participação do cidadão na deliberação dos negócios públicos ou, no caso das visões mais pessimistas, maior controle pelas forças de mercado), mas não tão significativas a ponto de se ajustarem ao pensamento de "revolução". Além desses conceitos distintos sobre a potencialidade política das redes telemáticas, é possível detectar, ainda, diferentes retóricas que disputam o modelo de democracia no ciberespaço ou ciberdemocracia. Lincoln Dahlberg (2001) nota a existência de três segmentos predominantes: 1) modelo individualista-liberal; 2) modelo comunitarista; e 3) modelo deliberacionista. Para o autor:

> These three electronic democracy camps are distinguished by their respective understandings of democratic legitimacy. For liberal individualism, a democratic model gains legitimacy when it provides for the expression of individual interests. For communitarianism, a democratic model is legitimated by enhancement of communal spirit and values. For deliberative democracy, a democratic model is legitimated by its facilitation of rational discourse in the public sphere. All three positions can be identified within Internet-democracy rhetoric and practice. (DAHLBERG, 2001, p. 158).

DEMOCRACIA DIGITAL: DEFINIÇÕES DE UMA NOVA CIBERPOLÍTICA

A controvérsia sobre o uso político das tecnologias de comunicação no sistema democrático contemporâneo delineia uma variação de interpretações sobre as promessas e o modo de existência de uma democracia mediada por implementos tecnológicos. Vemos que diversos experimentos, projetos, relatórios e discursos, envolvendo esse emprego das tecnologias têm sido produzidos pelo mundo de forma exponencial e contornos distintos. Embora o discurso de legitimidade dessas correntes possa aparecer sob o rótulo genérico da "democracia digital", é possível perceber diferenças importantes entre essas experiências. Essas suposições assimilam os discursos sobre o possível uso político da internet e os modelos de democracia dominantes hoje no ciberespaço.

O problema é que o termo "democracia digital" serve para classificar experiências diversas, ainda que de alguma forma igualitário popular. Essa variação de sentido, reivindicado pelos diversos discursos e experimentos, pode ser pensada a partir da percepção da existência de graus de participação democrática. A próxima seção desta obra propõe esse ordenamento.

Primeiros passos

O principal aspecto da democracia é seu fundamento local. O autor acredita que se foi inventada em cidades e não em impérios, foi porque a comunidade de vizinhança é, de certo modo, o ponto de partida para compreendermos que determinados assuntos que dizem respeito à comunidade devem ser regulamentados e decididos coletivamente.

Na origem, o conceito de democracia é bem simples: pressupõe que as pessoas decidam em conjunto as regras e as grandes orientações que concernem a todos ao invés de deixar essas decisões nas mãos de uma minoria que terá a tentação de buscar o seu interesse particular em detrimento do geral. Atualmente consideramos um regime político em que o direito — que se aplica a todos da mesma forma — tem prioridade sobre a força e as fidelidades pessoais e em que as mudanças de governo ocorrem de modo regulamentado, pacífico e conforme a expressão da maioria do povo.

Em suma: o alfabeto possibilitou a invenção da democracia ao permitir a todos a participação na administração de assuntos complexos e a reflexão sobre o direito, o que implica a manutenção e a consulta de arquivos, assim como a leitura das leis e dos regulamentos por parte dos cidadãos. Com o tempo, a imprensa capacitou a democracia ao se estender a grandes territórios em que às vezes se falava a mesma língua, mas nem sempre se praticava a mesma religião. A nação conseguia falar consigo mesma por meio dos jornais, dos partidos e dos representantes, assim, o Estado-nação é filho da imprensa e todas as nossas decisões e atitudes têm efeitos quase imediatos na vida de todos os outros habitantes do planeta. Assim, antes de abordar esse ponto, examinaremos cuidadosamente um dos fundamentos da democracia: a comunidade local e a maneira como ela se transforma sob o efeito da colocação em rede.

Quando Lévy (1998) fala em criação de riqueza, ele fala exatamente da inteligência coletiva da população que utiliza as tecnologias da informação, as quais corretamente utilizadas, podem reforçar, multiplicar e transformar.

O autor relata que durante muito tempo a comunicação das mensagens de longa distância tinha que seguir pelo mesmo caminho que os corpos e os objetos físicos. As mercadorias eram transportadas pelas vias romanas, por elas também passavam as legiões, os peregrinos, o correio imperial e as notícias. Durante toda a história, com exceção do tantã e dos sinais de fumo, as mensagens circularam pelos mesmos canais que as pessoas. Correio, jornais e livros foram, com os homens e os pacotes de mercadorias, pelas vias rodoviárias, férreas, marítimas e aéreas. Além disso, desde o telégrafo e o telefone, a comunicação separou-se da circulação das coisas. Entretanto isso não significa que uma tenha substituído a outra, já que a densificação das telecomunicações, aliada à melhoria dos transportes físicos, acompanhou-se de um crescimento das viagens e do comércio. Em outras palavras: ao mesmo tempo que a duração da ligação e do acesso às informações se tornaram descuráveis, uma esfera unificada da linguagem e da comunicação, em que as distâncias espaciais já não têm valor, constitui-se progressivamente — e, desde a criação do ciberespaço, cada vez mais depressa.

O autor salienta, ainda, que as cidades sempre tiveram três grandes funções complementares: a acumulação, a interligação e a governação. Prédios, lojas, museus, tesouros, estoques, arquivos e bibliotecas definem a dimensão de acumulação ou de memória da urbe. Tudo bem que a memória contemporânea não deserta dos locais físicos, já que as bibliotecas e museus continuam a florescer. Entretanto é possível observar que o ciberespaço constitui um novo centro de acumulação de informação, no qual podemos realmente sentir simbolicamente a informação na ponta de nossos dedos.

Na cidade clássica, a troca de bens e informações eram feitas em praça pública, nas ruas, no mercado, no templo, na igreja, na escola e na universidade. Por ter função de memória e de interligação, a cidade é a cabeça e, portanto, alberga os governantes da sociedade. Olhando dessa forma, o ciberespaço prolonga e ultrapassa a cidade.

O aparecimento do ciberespaço, segundo Lévy (2002), assinala uma mutação do urbano, a transferência de certas funções da vida real para o ciberespaço, visto que novas redes de comunicação transformaram a Terra numa única zona regional centrada na metrópole ciberespacial, sendo que um dos problemas das localidades territoriais é basicamente achar o seu lugar na nova metrópole planetária.

As áreas urbanas, ou as regionais clássicas, estão em competição no seio de uma comunidade humana global em vias de unificação rápida e que depressa estará inteiramente interligada pela cidade virtual que é o ciberespaço.

Ao percorrer os sites das regiões e cidades que progressivamente se transformam em comunidades virtuais, vislumbra-se uma forte vontade política de se construir uma comunidade inteligente. Com essa visão, alguns países já se integraram ao ciberespaço, estabelecendo legislações que protejam os cibercidadãos consumidores dessa nova metrópole planetária. Como exemplo expomos a Legislação da União Europeia e Portugal.

Lévy (2002) trata a rede como um local em que o cibercidadão explora infinitos saberes, sendo sua principal vantagem terem os sujeitos o poder de jornalistas. Com isso, a esfera pública se alarga, diversifica-se e se complica particularmente, e é exatamente esta situação de mutação da esfera pública que constitui um dos fundamentos da ciberdemocracia.

Hoje, diferente de um passado não tão remoto, no qual quem controlava os meios de comunicação eram os jornalistas, os cidadãos são os próprios agentes das comunidades virtuais de toda a espécie e são eles quem decidem o que publicar na rede. Todos fazemos comunicação. O resultado é o desabrochar da diversidade, assim como da liberdade de tom, que atinge quem explora a rede com seriedade.

Dessa forma, quase tudo o que antes era privado não era senão algo público, porém recalcado: uma palavra que não tinha saída. Muita gente tem coisas a dizer, imagens e músicas a difundir, injustiças a denunciar, sofrimentos a expressar, histórias a contar, testemunhos a partilhar, fotos a mostrar, músicas a ouvir.

Isso é libertar a palavra, uma das primeiras dimensões da revolução ciberdemocrática. Entretanto há um contraponto quanto à questão da qualidade da informação, visto que se encontra um pouco de tudo. O que devemos fazer, cibercidadãos, é nos agruparmos em comunidades virtuais, organizadas à volta de sites ou portais que ajudam na navegação em zonas específicas do espaço semântico.

A antiga mediação da esfera pública fazia triagens a priori, a nova seleciona a posteriori. O controle dos meios de informação por uma pequena maioria, mesmo que esta se considere a elite do conhecimento e da cultura. A imprensa, os meios de comunicação, as ordens, mentiram durante dezenas de anos em regimes totalitários, e cotidianamente nos escritos e discursos dos jornalistas em regime democrático, há erros que escapam. Às vezes a Igreja ou a universidade censuraram as ideias novas durante séculos.

Nem sempre um livro é bom por ter sido publicado, uma notícia não é verdadeira por ser anunciada na televisão, um saber não é garantido por ser ensinado na universidade. Se somos pela liberdade, sabemos que qualquer avanço implica num aumento de responsabilidade em todas as pessoas. Só se treina responsabilidade praticando-a. E é na confrontação livre e responsável das informações e das ideias que reside a dinâmica de produção dos conhecimentos. A aceitação do humano tal qual é agora é um momento essencial da dialética de aprendizagem, ou seja, do progresso e da inteligência coletiva.

Lévy (1998) salienta que na perspectiva da ciberdemocracia, o principal efeito da internet é contribuir para o enfraquecimento das ditaduras. Muitas vezes os países são pobres porque não são livres. Temos o exemplo das Coreias do Sul e do Norte, nesta última, comunista, morre-se literalmente de fome numa ditadura fechada a anos. Já no Sul, a democracia progride dia após dia e é uma estrela ascendente da nova economia mundial.

Os ditadores estão numa situação difícil. Por um lado, são obrigados a promover o comércio eletrônico, senão são considerados de criar pobreza. Por outro, pretendem resistir à liberdade de expressão que chega naturalmente por intermédio desse media novo. Alguns ainda tentam resistir em criar uma internet puramente chinesa, ou puramente tunisina, entretanto as ditaduras cairão ao ritmo da expansão da cibercultura.

Aspectos políticos da sociedade em rede

A partir da revolução da microeletrônica, na segunda metade do século 20, e da rápida expansão das redes telemáticas, é possível verificar profundas transformações na vida social, econômica, comunicacional e política

DEMOCRACIA DIGITAL: DEFINIÇÕES DE UMA NOVA CIBERPOLÍTICA

dos homens. Entre essas transformações podemos falar da "cibercultura", entendida por Lévy (1998, p. 17) como "o conjunto de técnicas (materiais e intelectuais), de práticas, de atitudes, de modos de pensamento e de valores que se desenvolvem juntamente com o crescimento do ciberespaço". O autor ainda expõe que:

> Nas sociedades orais, as mensagens são sempre recebidas no mesmo contexto em que são produzidas. Mas, após o surgimento da escrita, os textos se separam do contexto vivo em que foram produzidos. A partir de então foi possível ler uma mensagem escrita cinco séculos antes ou redigida em cinco mil quilômetros de distância — causando algumas vezes problema de recepção e de interpretação. Na tentativa de vencer tais dificuldades os homens conceberam mensagens para preservar o mesmo sentido, qualquer que fosse o contexto (o lugar, a época) de recepção: são mensagens 'universais' (ciência, religião, livro, direito do homem etc). Esta 'universalidade', adquirida graças à escrita estática, só pode ser constituída à custa de certa redução ou fixação do sentido. (LÉVY, 1998, p. 17).

Segundo afirma, a cibercultura leva, mesmo em escala e órbita completamente diferentes, a copresença das mensagens de volta a seu contexto, como ocorria nas sociedades orais. Na cibercultura, no entanto, a universalidade não depende mais da autossuficiência dos textos. "Ela se constrói e se estende através da interconexão das mensagens entre si, por meio de sua vinculação permanente com as comunidades virtuais em criação, que lhe dão sentidos variados e renovação permanente" (LÉVY, 1998, p. 17).

Olhando mais diretamente para o plano político, é possível que a sociedade humana, seus fluxos demográficos, econômicos e informacionais, suas comunidades, seus interesses divergentes, suas paixões, suas ideias, seus debates, suas narrações contraditórias, seus enleios de poderes, seus sofrimentos e sua inteligência coletiva sejam cada vez mais conhecidos, cartografados em tempo real e transparente, fazendo com que a onivisão ou transparência numérica se torne a base de uma "ciberdemocracia" que se constitui a cada dia.

Importante observar que a comunicação possibilitada pelo ciberespaço caminha no sentido oposto do totalitarismo. Nele, a potência que predominou praticamente em todo o mundo até recentemente não é mais o mesmo velho poder do tipo mafioso no qual o totalitarismo e as ditaduras do século

20 eram exemplo de tentativa de impedimento de todas as liberdades aos cidadãos dessas nações.

Nos dias atuais, segundo pensamos sustentados em Lévy (1998), as instituições políticas mais poderosas do mundo parecem ser as mais transparentes na rede, pelo menos era o que parecia ser, ao modelo da administração americana e na administração das multinacionais. Todavia, em decorrência da ação do *Wikileaks*, tem sido possível descobrir que potências como os EUA vêm tentando esconder, o máximo possível, suas ações.

A demonstrar tais afirmações estão as revelações de Edward Snowden a respeito da espionagem generalizada, levada a efeito pela agência de inteligência. A guerra hoje é cibernética e silenciosa. A potência, hoje, não está mais associada à transparência, mas sim à opacidade que deixa, segundo o autor, o campo livre aos comportamentos egoístas, não éticos, abusivos, mentirosos, senão ilegais, que, decerto, não favorecem o espírito de cooperação, de serviço mútuo e de partilha de saber, que estão na base da eficácia e da inteligência coletiva.

Na dimensão política, para que a transparência seja sinônimo de luta contra a corrupção e de defesa da honestidade, tudo deve ser visto. A transparência democrática vislumbrada, que deveria ser indissociável da liberdade de imprensa e da independência da justiça, pelo menos, no Brasil, não se tornou ainda uma realidade. As grandes organizações de espiões e de antidemocratas continuam a agir em toda parte.

Garantir a liberdade acrescida da transparência possibilitadas pelos instrumentos do ciberespaço parece um dos fatores determinantes não só da transformação da democracia moderna em ciberdemocracia, mas também da queda próxima das ditaduras à moda antiga, que só levam à pobreza, à guerra e ao êxodo populacional. No nosso entendimento, nenhuma ditadura resiste a 25 % da população com acesso à internet.

É na configuração do ciberespaço e da cibercultura que vai surgir, em função das mídias digitais e da internet, a questão dos novos *médiuns* como suporte de uma nova forma de comunicação, com características e qualidades de natureza completamente diversa na produção-circulação-recepção da imagem. Vivemos hoje sob crescente mediação das redes telemáticas em nossas vidas. O computador, o tablet, o smartphone e a internet estão cada vez mais presentes tanto nas tarefas profissionais quanto nas atividades sociais e políticas. É que o computador, como objeto que agencia a emancipação entre tempo de trabalho e tempo do não trabalho, muitas vezes, leva-nos

DEMOCRACIA DIGITAL: DEFINIÇÕES DE UMA NOVA CIBERPOLÍTICA

a realizar misturas e interpenetrações entre eles, tornando cada vez mais difícil a delimitação.

Ao mesmo tempo é graças à importância adquirida pelas tecnologias digitais no interior desses diversos processos sociais que o ciberespaço e o universo da simulação visual (como o domínio do virtual) tornam-se palco importante das disputas políticas. À medida que tanto o imaginário como os macroprocessos econômico-financeiros estão imbricados a partir da estrutura comunicacional digital, gerenciar as possibilidades de intervenção nessa esfera significa fazer emergir comportamentos desejados e convergentes que passariam a definir o que é *real*. O melhor exemplo disso é a relação entre os "estados de humor" do mercado financeiro e as expectativas que definem o comportamento dos consumidores e investidores.

Se por um lado, as tecnologias de simulação ampliam as possibilidades de imaginarmos e compartilharmos "outros mundos", por outro, a simulação dirigida pode converter-se numa potente máquina de produção de realidades e, no nível psíquico, numa máquina abstrata de pensamento. Essa é a tensão que dá forma à política do regime de simulação.

Outro desdobramento dessa centralidade adquirida pelas tecnologias digitais é a instituição virtual do ciberespaço como um espaço-tempo que cria uma nova partilha no mundo sensível e outra composição do espaço social. Como exemplo podemos citar: a divisão entre esfera privada e esfera pública, trabalho e não trabalho, produtores e consumidores, difusores e receptores, os novos modos de existência, relacionamento e subjetivação num contexto de elevada conectividade, ou ainda na modificação da relevância e hierarquia dos atores que atuam no ciberespaço, em termos das condições de sua visibilidade: o blog de um indivíduo e o portal de uma grande empresa de notícias; o sítio oficial de um governo e os sítios de ativistas dissidentes.

A formação do ciberespaço estará em parte determinada por condicionantes sociotécnicos, os protocolos de comunicação; pela propriedade dos meios de acesso à rede e da sua infraestrutura; pelo regime de propriedade sobre os bens imateriais que circulam por meio dela; e pelo regime jurídico que define os direitos e deveres dos atores que atuam nesse território. Novamente, as tensões que atuam sobre o ciberespaço, no sentido de modificar a partilha do mundo social, coincidem com aquelas tensões que atuam sobre a política visual do regime de simulação. Trata-se, em suma, de um problema relativo à disputa pela linguagem, pelo código e seus usos, posto ser ela que define a campo de visibilidade e de comunicação. Por conta desse e de outros problemas já referidos é que o interrogar sobre as condições de produção e a configuração dos dispositivos técnicos que asseguram a comunicação na rede se configura uma batalha eminentemente política.

Assim é que, no entendimento de Lévy (2002), a luta pela linguagem e pela liberdade de comunicação face às tendências de apropriação e cercamento dos bens imateriais ganham novas proporções. Se a convergência daquelas tendências de apropriação imaterial e controle social representadas pelo capitalismo cognitivo, pelo biopoder tecnocrático, pela metafísica da informação presente na bionanotecnologias e nas ciências cibernetizadas da mente apontam para a possibilidade de mercantilização e domínio da totalidade da vida, só resta-nos afirmar a potência da vida em sua integralidade, como um campo de possibilidades indeterminadas. Nos dizeres de Foucault e Deleuze: contra o poder sobre a vida, afirmar o poder da vida!

Tensionar a linguagem significa questionar a própria formação do campo de enunciação e visibilidade, porque é a palavra e o código na programação digital que definem o que entra ou não no campo visível. Cada palavra, cada conceito, introduz uma nova "entidade" no mundo, uma nova "dobra" ou composição do sensível. Em se tratando da emergência do capitalismo cognitivo, é o próprio pensamento, antes interiorizado, que pode ser exteriorizado e convertido em força de trabalho distribuída a partir dos mecanismos de captura-protocolar das redes telemáticas.

No entanto as condições de "visibilidade" ou "exteriorização" desse pensamento não estão pré-definidas. A possibilidade de apropriação desse *commons* e sua conversão em força de trabalho dependem de uma capacidade de "ler" e "interpretar" as informações. Mas somente quem detém o acesso ao código que gera a fronteira entre o visível e o invisível é que pode se apropriar desse bem. É por isso que os questionamentos e as discussões sobre a liberdade de conhecimento e do livre acesso à informação são tão importantes. É nesse campo que reside a disputa pela configuração do *médium*, as definições da fronteira do visível e do dizível e, portanto, o campo de capturas, resistências e também de criações.

Conforme entende Agamben (1995, p. 93),

> [...] a política é a exibição de uma medialidade, ela torna visível um meio enquanto tal. Não é a esfera de um fim em si, nem de meios subordinados a um fim, mas a de uma medialidade pura e sem fim como campo da ação e do pensamento humano.

DEMOCRACIA DIGITAL: DEFINIÇÕES DE UMA NOVA CIBERPOLÍTICA

São muitas as questões que fazem com que a constituição do ciberespaço, como uma "superfície" medial de outra qualidade, capaz de produzir uma nova partilha do mundo sensível, colida frontalmente com os fundamentos que legitimam as instituições do mundo material (propriedade, cidadania, território). Ao analisar o ganho de autonomia e centralidade da esfera comunicacional em sintonia com sua transformação em fator central do ciclo produtivo, o citado autor afirma que a comunicação como tal se torna o principal problema.

Ao colocar a linguagem como o pano de fundo da experiência política contemporânea, Agamben (1995) afirma que as disputas pela definição do uso do "comum" se tornaram o problema político essencial. Segundo afirma, somente se conseguirem articular o lugar, os modos e os sentidos dessa experiência da linguagem como uso livre do comum e como esfera dos puros meios é que as novas categorias do pensamento político, "comunidade dos sem obra", "igualdade", "fidelidade", "intelectualidade de massa", "povo por vir", "singularidade qualquer", poderão dar uma forma à matéria política que nos encara.

A definição em torno dessa(s) forma(s) talvez seja um dos problemas mais desafiantes para o pensamento político contemporâneo. Em se tratando das expressões e formas de vida da existência ciberculural que estão surgindo nesse incipiente momento de transição medial, há diversas experiências no campo artístico, cultural e social que reivindicam outras formas de uso e compartilhamento do comum que foi potencializado pelas tecnologias digitais, assim como há importantes exemplos que fazem um uso renovado da linguagem e das possibilidades de organização social inauguradas pelas redes telemáticas.

Todavia é preciso entender tratar-se aqui de uma situação de fronteira na qual apenas somos capazes de vislumbrar as frágeis fagulhas de modos de vida que, por enquanto, situam-se num limiar instável entre a precariedade e as novas institucionalidades; entre a servidão, a sujeição e a emancipação; a expropriação, a captura e a livre produção do *comum*.

No que se refere aos prognósticos sobre a capacidade interativa da internet para revigorar a participação democrática popular na política, é possível identificar duas linhas principais: de um lado, o coro de teóricos, no qual se inclui este pesquisador, que afirma a possibilidade de a internet conduzir a novas formas de compromisso, engajamento cívico e democracia direta, com um potencial vasto para alcançar especialmente os jovens, cidadãos isolados e as minorias políticas e sociais. Além disso, os teóricos acreditam que a transmissão de dados possibilita a redução de custos; melhorando a comunicação e os negócios; possibilitando enviar mensagens diretamente para os políticos, reduzindo barreiras para a participação política e, ampliando oportunidades para o debate e a deliberação política.

Segundo o entendimento de Norris (2001), a capacidade para a comunicação entre pares aumenta exponencialmente a probabilidade para discussão política mediante a comunicação interpessoal horizontal, como é o caso do envio de um artigo ou notícia com comentário pessoal que aumenta a possibilidade da discussão política. Barber (1984) chama atenção para o fato de que, para que possam possibilitar participação, os websites devem ser mais do que brochuras e quadros de anúncios eletrônicos. Em uma democracia forte (*strong democracy*), diz-se que a tecnologia baseada no computador para a disseminação de informação aos cidadãos e para informar a sua participação possui meios rápidos e interativos, quase que instantâneos para o processo de tomada de decisões (FERBER; FOLTZ; PUGLIESE, 2005).

Todavia existem teóricos com posição contrária ao entendimento até aqui exposto. Para estes, entre os quais Norris (2001), a internet tende a fortalecer e não aposentar os padrões de comunicação política existentes, e ainda aprofundar o abismo entre ricos e pobres e reforçar as articulações sociais pré-existentes e arquétipos políticos dominantes. Também para Richard Davis (1999), a internet não transformou o caráter do processo político nem irá conduzir a uma nova era de igualdades política. Ela é, apenas, uma nova instância de participação e deliberação política para aqueles que já possuem uma crença política.

Outros teóricos intitulados *ciberceticos* estão questionando os pressupostos teóricos da cibercultura. Para essa corrente, é possível visualizar, no ciberespaço, um verdadeiro campo de batalha eletrônico. De acordo com Barnett (1997), a rede eletrônica não apresenta um diferencial positivo nos debates públicos a respeito de assuntos políticos, já que os atores políticos e partidos continuam produzindo mensagens simplistas.

> It is difficult to see how the information superhigway, for all its anarchic flexibility, can make a difference to public debates on major policy issues when political parties continue to be driven by the need to represent unified, simplistic messages. (BARNETT, 1997, p. 215).

Conforme Margolis e Resnick (2000), longe de revolucionar a conduta política dos candidatos, a internet reforça os atuais padrões de comportamento e, por isso mesmo, não transmuta o modus operandi dos candidatos. Nessa perspectiva, as eleições na internet serão conduzidas como de costume (*politics as usual*), na mesma linha de pensamento em que, Hill e Hughes (1998, p. 186) afirmam que as pessoas moldarão a internet para conformá-la à política tradicional, "The Internet itself will not be a historical light switch that turns on some fundamentally new age of political participation and grassroots democracy".

Ativismo digital

Neste item dedicamo-nos ao estudo das formas de ativismo político oferecidos pelas redes digitais de comunicação, tendo por objetivo estudar e compreender as possibilidades democráticas oferecidas pelas redes digitais de comunicação. A questão do ativismo político talvez seja a que alcança maior repercussão e gera um número significativo de reflexões. É nossa crença que isso aconteça exatamente porque a internet, dada sua rapidez, capacidade de publicação de opiniões e de notícias, especialmente por enfoques autônomos, favorece a articulação a baixo custo, apesar das fronteiras geográficas e do grande número de entidades ou indivíduos isolados e marginalizados politicamente. Dessa feita, se, em um primeiro momento, a comunicação de massa era marcada por sua verticalidade, agora surge a possibilidade do usuário comum se tornar provedor de informação (ALLAN, 2003).

No ciberespaço, há lugar para manifestações de diversas naturezas, sejam elas acadêmicas, artísticas, religiosas, pessoais, sexuais ou políticas. Movimentos sociais, por exemplo, são contemplados com sites de ambientalistas (Greenpeace e World Wound Found). Nele há espaço para os céticos ou feministas, graças à natureza dos recursos tornados disponíveis a partir de um meio que lhes dá voz independentemente de fronteiras ou de empecilhos relativos ao tempo de transmissão de uma mensagem. Segundo Bougnoux,

> Durante muito tempo, a humanidade não pôde conceber sua reunião ou comunicação universal consigo mesma senão por intermédio de uma grande mensagem, religiosa ou ideológica [...] Ora, o universal que triunfa hoje com a Web não é o da mensagem, nem de conteúdos particularmente racionais, mas o do simples meio [...] A finalidade última da rede não é, com efeito, a mensagem, mas a disponibilidade do contato: a rede

é primeiramente fática, e não tem no fundo outra finalidade: toda a sua utopia esgota-se em ligar os correspondentes entre eles. (BOUGNOUX, 1999, p. 197).

Não há dúvida, segundo entende, que o modelo rizomático[18] da rede telemática possibilita uma maior autonomia no tocante às normas culturais e às barreiras impostas por determinados Estados. Na China, por exemplo, o Ministério da Indústria da Informação determinou, desde 2001, que os provedores do país vasculhem salas de bate-papo e o correio eletrônico dos usuários em busca de material considerado "subversivo" naquele país.

A partir do acesso ao ambiente telemático, diversos pontos de vista são ofertados, de uma só vez e, por conta disso, segundo Gomes (2001), o usuário passaria a depender menos da imprensa tradicional para formar sua opinião política, ou seja, não deixaria de ler o jornal impresso ou assistir ao telejornal da noite com a família, mas passaria a contar com um maior número de fontes alternativas, desde governos e sindicatos diretamente até informações providas por particulares.

Segundo Gomes (2001), é diferente acompanhar a cobertura de uma manifestação antiglobalização ou as passeatas durante as edições do Fórum Social Mundial a partir das grandes redes de televisão e do jornal on-line, disponibilizado pelos respectivos movimentos e dos sites de colaboradores. Todavia não podemos deixar de levar em consideração a questão da credibilidade dessas informações. Mas não deixando de enxergar que, neste momento, o mais importante configura-se no fato de o próprio agente social ter, agora, um canal de interlocução direto com a sociedade.

O que estamos assistindo ou vivenciando não é a superação do poder hegemônico dos gigantes midiáticos, mas a emergência de diferentes canais de comunicação, descentralizados, sem necessariamente passar pelos processos de seleção costumeiros dos *mass media* convencionais. São espaços alternativos, que geralmente funcionam como complementares dada sua pouca difusão entre a maioria dos indivíduos, ao menos momentaneamente. Nesse contexto, Ananda Mitra (2001) destaca que a presença de uma pluralidade de vozes na internet não pode ser contida.

---

[18] "Filosoficamente e politicamente falando, o modelo rizomático presta-se a mostrar que a estrutura convencional das disciplinas epistemológicas não reflete simplesmente a estrutura da natureza, mas que é um resultado da distribuição de poder e autoridade no corpo social. Não se trata da apresentação de um modelo que represente melhor a realidade, mas sim da noção, oriunda do antifundacionalismo, de que os modelos são ferramentas pragmáticas, e não ontológicas. A organização rizomática do conhecimento é um método para resistir a um modelo hierárquico que reflete, na epistemologia, uma estrutura social opressiva" (DICIONÁRIO INFORMAL, 2012, s/p. Disponível em: http://www.dicionarioinformal.com.br/usuario/id/94776/. Acesso em: 25 nov. 2019).

DEMOCRACIA DIGITAL: DEFINIÇÕES DE UMA NOVA CIBERPOLÍTICA

> There is thus a series of factors that help to 'structure' the internet around the fundamental characteristics of the technology — those of openness and decentralization — and make it uniquely adapted to be used by anyone who can gain access to the technology. As of now, there is no single entity that can uniquely control the voices on the internet. In spite of the growing presence of commercial influences, and some governments attempting to curb the access and use of the internet, its structure does not allow for that control. Technologically it presents a constantly growing and metamorphosing entity that is within the reach of people independent of their location within the traditional structures of global power. (MITRA, 2001, p. 38).

Ativistas com diversas causas estão utilizando a internet para fins políticos, adotando atitudes diante de uma gama relativamente ampla de fenômenos que tendem a influenciar os atores institucionais e individuais. Entre eles podemos apontar: distribuição de material de propaganda, aglutinação de novos adeptos, pressão sobre atores institucionais e aproximação entre ativistas envolvidos mediante trocas de conteúdos. Do ponto de vista civil, essas tecnologias podem servir tanto como ferramenta de acesso à informação e ao contato com os diversos cidadãos espalhados geograficamente quanto para estabelecer formas de contato com os representantes políticos.

Ativistas digitais utilizam as mais diversas plataformas para fazer suas campanhas e obterem êxito: informativos e listas de discussão; propagandas em salas de bate-papo; postagens em *weblogs*; confecção de sites ou banners (propagandas em formato de imagem) para serem colocados em outros sites; disponibilização de endereços de correio eletrônico de autoridades; protestos a partir de cartas pré-fabricadas por determinada entidade; e ainda outros canais como mensagens por meio de telefone celular, quando das manifestações de rua.

Outra iniciativa relativa ao ativismo promovida por entidades não governamentais são os hackers e internautas isolados que atacam, a partir de acessos em massa ou "bombardeio" de mensagens eletrônicas, o site de empresas e governos, como ocorreu durante a última guerra no Iraque, quando endereços norte-americanos se tornaram indisponíveis, já que era daquele país de onde provinha a proposta de invasão para pôr fim ao regime de Saddam Hussein.

O ativismo político pode ter diversas faces: pode ser organizado por entidades não governamentais ou qualsquer órgãos de classe. Também pode ser efêmero, levado à frente por um único indivíduo e em torno de causas pouco convencionais. O seu conceito abarca desde o ativismo pré-existente ao uso das tecnologias da informação, até o ativismo que tem sua existência primordialmente ligada à natureza das redes digitais de comunicação.

Outro aspecto envolvendo o ativismo digital que precisamos estar atentos diz respeito à influência das redes telemáticas na biosfera organizacional de determinada entidade ligada ao que se convencionou chamar de "novo movimento social". Podem ser objetos de investigação os motivos que levam determinada entidade a estabelecer uma base virtual; se as modificações ocorrem internamente e em relação à comunicação que ela realiza com o público externo; os modos de atuação diversificados e a eficácia das campanhas virtuais; e a questão da visibilidade permitida pelos meios digitais quando confrontados ou complementados com os meios de comunicação convencionais.

Segundo André Lemos (2004), o ambiente da internet é propício à atuação dos movimentos sociais, exatamente por não se sujeitar a critérios de seleção de conteúdos a serem divulgados.

> O ciberativismo refere-se a práticas sociais associativas de utilização da Internet por movimentos politicamente motivados, com o intuito de alcançar suas novas e tradicionais metas. Grupos como o Electronic Disturbance Theatre ou o Critical Art Ensemble, por exemplo, fazem protestos pelas redes (ataques DoS, desfigurações, etc) contra a globalização, contra os transgênicos etc. O principal objetivo, como de todo ciberativismo, é difundir informações e reivindicações sem mediação, e organizar ações independentes e livres. (LEMOS, 2004, p. 56).

O site espanhol *El Mundo*, um dos maiores portais de notícias da internet, divulgou uma notícia, em março de 2002, que faz refletir sobre a eficácia da internet enquanto suporte de uma comunicação alternativa para trocar e tornar públicos conteúdos, prover opiniões ou dar visibilidade a acontecimentos omitidos pelos media convencionais. Aqui damos como exemplo os "panelaços" (ou *cacerolazos*, em espanhol), organizados pelos populares argentinos contra o "corralito" (congelamento dos depósitos bancários para evitar a fuga de capitais do país), que apesar de pacíficos na maioria das vezes, foram reprimidos pelo governo platino, e, por esse motivo, ganharam sua versão on-line. Sites como o Elcazerolazo.com, o Cazerolazo. info e o Cazerolazo.unlugar trouxeram à época editoriais e fóruns on-line,

DEMOCRACIA DIGITAL: DEFINIÇÕES DE UMA NOVA CIBERPOLÍTICA

estimulando a participação e os debates políticos, contribuindo para a organização do movimento de rua.

Outro site espanhol organizado por membros da *Campaña Ropa Limpia*, criado em 2000, protesta contra as condições de trabalhadores da Nike e da Adidas nas fábricas da Ásia e da América Latina. Essa rede de solidariedade tenta sensibilizar os usuários, esclarecendo, nas milhares de mensagens de e-mail enviadas, as condições de trabalho nessas linhas de produção, que, como afirma a entidade, são desumanas; funcionários recebendo salários irrisórios, sem poder se organizar ou gozar de direitos trabalhistas elementares.

Albuquerque e Sá (2001) argumentam, entretanto, que nem sempre as mensagens que chegam às caixas de correio eletrônico com denúncias são dotadas de credibilidade. Os autores propõem que uma das ferramentas mais utilizadas por ativistas, que são os protestos por meio de cartas-corrente, constitui-se num novo recurso na comunicação política contemporânea, com um diferencial em relação às formas tradicionais de mediação: as cartas-corrente necessitam que o usuário repasse o conteúdo à sua lista de contatos para surtir efeito. Em decorrência disso, essas mensagens atuariam mais no plano daquilo que os autores chamam de "política simbólica", isto é, apelariam para o lado emocional dos que recebem o conteúdo por meio de correio eletrônico (a partir de relatos de absurdos contra animais, etnias ou gentes exploradas com finalidade lucrativa). Nas palavras de Albuquerque e Sá:

> O ponto mais importante é que a participação dos destinatários/repassadores das mensagens fornece um fechamento à narrativa de horror apresentada por elas. Um fechamento simbólico e virtual, é verdade, mas, de qualquer modo, um fechamento: ao enviar as mensagens para seus conhecidos, o recebedor da mensagem poderá se consolar com o fato de que fez a sua parte para resolver o problema. No que lhe concerne, ele terá resolvido o problema. A distância existente entre a magnitude do problema e a simplicidade da sua solução — um simples 'clique' no mouse – chama a atenção (ALBUQUERQUE; SÁ, 2001, p. 7).

Salter (2003), concordando com Downey e Fenton (2003), considera que os meios de comunicação convencionais não são as melhores plataformas para reunir cidadãos dispostos a se mobilizarem, porque são canais marcados por condicionantes que dificilmente permitem uma melhor apreensão por parte dos movimentos sociais: altos custos, necessidade de domínio técnico, concessão governamental, dentre outros complicadores. São nesses termos que inúmeros movimentos e seus idealizadores consideram a internet como um espaço por excelência de mediação entre suas manifestações e a esfera civil e entre suas manifestações e o quadro administrativo do Estado. Salter considera que as diferentes modalidades de uso dos meios de comunicação digitais por movimentos sociais:

> That NSMs [New Social Movements] have taken to making good use of the Internet is not only theoretically consistent, insofar as NSMs seem to have a similar culture but empirically clear by the number of Web sites they have produced, as well as the range and extent of content. There are numerous forms of political, and therefore NSM, activity on Internet. These include what Resnick (1998) has termed 'political uses of the Net', 'politics within the Net', and 'politics which impacts upon the Net'. (SALTER, 2003, p. 15).

A tipologia de Resnick, evidenciada por Salter (2003), demonstra que a internet, além de não totalizável em seu conteúdo, não pode ser analisada como um fenômeno de face única. Sujeita a várias propensões, deve admitir diversas perspectivas que se integram ou se sobrepõem: por exemplo, se a internet é essencial para se criar determinado tipo de movimento em torno da defesa de um valor específico (contra a "globalização selvagem", por exemplo), torna-se, também, ferramenta de destaque para favorecer movimentos já existentes, como é o caso do Greenpeace.

Burch (2002) defende que a utilização da internet pelos movimentos sociais teria a incumbência de ressuscitar a ligação entre comunicação e ação, posta em segundo plano graças à onipresença dos *mass media* a partir da segunda metade do século 20, o que teria transformado os cidadãos mais em espectadores e menos em ativistas. Por sua vez, Richard Barbrook (2000) chega a considerar que a internet faz reviver certos ideais comunistas, ao permitir a tomada dos meios de produção de comunicação pelos desfavorecidos e marginalizados e por favorecer uma formação cívica mais consistente. Ou seja, por meio da pesquisa científica e demais iniciativas levadas adiante pelos Estados Unidos, país símbolo do capitalismo, o comunismo teria a possibilidade de ser reestabelecido:

> A spectre is haunting the Net: the spectre of communism [alusão ao Manifesto Comunista de Marx e Engels]. Reflecting the extravagance of the new media, this spectre takes two distinct forms: the theoretical appropriation of Stalinist communism

> and the everyday practice of cyber-communism. Whatever their professed political beliefs, all users of the Net enthusiastically participate in this leftwing revival. Whether in theory or practice, each of them desires the digital transcendence of capitalism. [...] A much more open and spontaneous society was needed to develop the Net. Excited by the libertarian potential of further digital convergence, the proponents of almost every radical ideology have recently updated their positions. [...] Although promoting liberal capitalism, American propagandists enthusiastically mimicked the theoretical rhetoric of Stalinist communism. The power of the minority of capitalists was in the long-term interests of the majority of the population. (BARBROOK, 2000, p. 5).

No Brasil, Dênis de Moraes (2003) foi um dos pioneiros do estudo sobre ativismo digital, concentrando sua investigação no uso da internet por diversos movimentos, sobretudo em relação aos Zapatistas (um caso clássico, ao lado das manifestações de Praga, Seattle e Washington). Para ele, o que se deve buscar é promover a disseminação de ideias e o máximo de intercâmbios, ou seja, poder interagir com quem quer apoiar, criticar, sugerir ou contestar, assim como driblar o monopólio de divulgação, permitindo que forças contra-hegemônicas se expressem com desenvoltura, enquanto atores sociais empenhados em alcançar a plenitude da cidadania e a justiça social (MORAES, 2003).

As reflexões de Moraes sobre ativismo digital estão postas mais precisamente em suas obras *O Concreto e o Virtual* (2003) e *Por Uma Outra Comunicação* (2003). Nelas, o autor ataca os grandes conglomerados de comunicação, as fusões entre empresas de informação e entretenimento e o oligopólio das demais cadeias de produção do conteúdo mediático. Quanto aos movimentos sociais na rede e o ativismo digital, dedica pouca atenção e dá a entender que suas causas seriam sempre justas e que a compreensão desses movimentos e os usos que fazem das redes pode se dar de modo homogêneo (há também usos diversos por diferentes entidades), não diferencia de modo claro as modalidades de ativismo digital (on-line, off-line, efêmero, duradouro, dentre outras características).

Henrique Antoun, ao tratar da questão, em 2002, argumenta que: "o espaço real é apenas um caso do ciberespaço" (ANTOUN, 2022, p. 15-16); a internet teria todas as feições de uma "arma" a ser utilizada pelos oprimidos, por meio de uma insurreição da "cidadania pós-moderna" contra o autoritarismo do Estado e das grandes corporações financeiras. Segundo entende, é preciso questionar como se deu esse processo de transição até o ativismo diagnosticado nessas passagens, à medida que os mesmos autores parecem tomar a televisão, o rádio ou o jornal impresso como pouco efetivos no que toca ao engajamento político. Questionar também se o mero aparecimento da comunicação on-line seria o grande fomentador de uma mudança comportamental cívica.

Se partirmos do emprego das redes telemáticas por organizações não governamentais, perceberemos que a forma de atuação de muitas dessas entidades não se restringe às fronteiras políticas de países (muitas, inclusive, têm atuação internacional, como é o caso do Greenpeace), o que levanta a questão sobre os meios que seus colaboradores utilizam para troca de informação e difusão de medidas ou organização de protestos e ações.

Para um uso mais eficaz das ferramentas digitais de comunicação, diversas entidades têm estabelecido estratégias para atrair atenção mediática, caracterizando o quarto modelo de comunicação, proposto por Bernard Miège (1995), conforme exposto na primeira parte desta obra, e que se identifica com a gestão de imagem e outras técnicas com o objetivo de se conquistar a opinião pública. A necessidade de um planejamento de qualidade no que toca à difusão de determinada informação se mostra maior à medida que a internet se caracteriza como um ambiente propenso a todo o tipo de ideias, por isso mesmo concorrencial, no sentido de permitir a publicação de qualquer material por qualquer agente. Rousiley Maia (2002), ao dizer da importância da formulação de políticas de comunicação para entidades da sociedade civil, afirma:

> Os atores da sociedade civil devem, sobretudo, ser competentes para elaborar uma metalinguagem civil, a fim de relacionar os problemas práticos de suas causas ao conjunto de categorias simbólicas da sociedade, bem como ao sistema normativo. Devem estabelecer pontes comunicativas entre os diferentes atores sociais e ambientes de conhecimento. Devem ser convincentes para interferir nos consensos éticos que orientam a coexistência social e articular, de modo consequente, demandas específicas, a fim de que possam ser mais facilmente encampadas pelas instituições políticas. (MAIA, 2002, p. 123-124).

Algumas Organizações não Governamentais, como o *World Wildlife Fund* (WWF), por serem internacionais, terem milhares de afiliados e possuírem recursos financeiros mais fartos, acabam conseguindo um maior poder de divulgação e de influência, sustentando campanhas não apenas na internet,

DEMOCRACIA DIGITAL: DEFINIÇÕES DE UMA NOVA CIBERPOLÍTICA

mas investindo parcelas de suas verbas em outros meios de comunicação. No próprio site do Greenpeace pode-se, a partir de conteúdos multimédia disponibilizados, assistir, por exemplo, os anúncios que a entidade produziu para a televisão. Dessa forma, a rede mundial de computadores acaba tornando-se mais um canal de divulgação. Geralmente, para essas entidades com maiores orçamentos, a internet não é colocada como principal veículo de comunicação, conforme sugere o estudo de Cairrão (1999). Para pequenas ONGs, entretanto, que não podem gastar com impressão de material ou veicular publicidade em rádio e televisão, a internet permite uma nova condição na comunicação (isso quando não representa o próprio fator que levou a criação de determinada entidade).

De acordo com Patrick Champagne (1996), por não terem controle sobre a agenda de temas expostos nos meios de comunicação de massa, os movimentos sociais de maior porte, além de terem interesse na manutenção da esfera do debate, apelam para estratégias espetaculares, ao mesmo tempo que têm a intenção de inserir determinadas pautas nas preocupações dos editores mediáticos e da audiência.

O objetivo está em conseguir exposição e direcionar a interpretação a ser feita pelo público de modo a obter apoio às suas causas, permitindo também o contato com outros atores sociais, para refutá-los ou corroborá-los, o que faz aquecer o espaço da argumentação pública. A internet, nesse contexto, é mais uma ferramenta na articulação dessas arenas que visam informar e fazer os cidadãos debaterem com outros agentes interessados.

Dadas as facilidades de organização oferecidas pelas redes telemáticas, em muitos casos os protestos on-line acabam encontrando resistências dos agentes que recebem mediante mensagens em massa ou ataque ao seu site. O Departamento de Agricultura e Serviço Florestal do governo dos Estados Unidos (*Department of Agriculture Forest Service*) passou a considerar a hipótese de ignorar manifestações cujo teor seja inundar suas caixas de correio eletrônico com a mesma mensagem. Isso significa que se uma organização realiza um protesto por meio do envio em massa de determinada mensagem para o endereço eletrônico alvo, essa atitude perderia a eficácia ao não mais atingir ou incomodar esse ator. Dada essa disposição do Departamento de Agricultura americano, os representantes de grupos de ativistas digitais passaram a questionar a constitucionalidade do ato de ignorar as mensagens em massa, alegando que esta é a única maneira de cidadãos ocupados com negócios[19] particulares exporem sua opinião.

Da mesma maneira, uma pesquisa realizada pela entidade não governamental norte-americana OMB Watch (2019) mostrou que mensagens de correio eletrônico em massa são pouco efetivas. Durante o ano de 2000, mais de 70 milhões de mensagens foram enviadas aos congressistas norte-americanos, e alguns membros do parlamento chegaram a afirmar que dão mais atenção às cartas e às visitas pessoais[20]. Isso mostra que, apesar de fácil, a manifestação de protesto mediante o apertar determinado botão não possui grande eficácia.

Há mais duas observações que relativizam os benefícios trazidos pelas redes de comunicação digital para os movimentos sociais, envolvendo motivação política. Wellman *et al.* (2001) defendem que há uma ligação essencial entre o comportamento dos ativistas on-line e off-line. Para eles,

> The more people engage in political activities *offline*, the more they engage in political discussions *online*. The more people use the Internet, either asynchronously or synchronously, the more they are politically involved *online*. As is the case for organizational involvement, the length of time one has been on the Internet is not associated with political involvement. [...] people active in organizations and politics *offline* are also active *online*. Moreover, those more involved with the Internet in general are more involved in discussing politics *online*. [...] *Online* political discussion appears to be an extension of *offline* activity and general involvement in the Internet. High Internet use is associated with high participatory involvement in organizations and politics. [...] When the Internet engages people primarily in asocial activities, then even more than television, its immersiveness can turn people away from community, organizational and political involvement, and domestic life. By contrast, when people use the Internet to communicate and coordinate with friends, relatives, and organizations—near and far—then it is a tool for building and maintaining social capital. Our research has shown that there are no single Internet effects. (WELLMAN *et al.*, 2001, p. 447-451, grifo dos autores).

---

[19] Mais informações em: http://www.pcworld.com/news/article/0,aid,110305,00.asp. Acesso em: 3 dez. 2003.

[20] Conforme pode ser conferido em: http://www.pcworld.com/news/article/0,aid,48788,00.asp. Acesso em: 3 dez. 2003.

DEMOCRACIA DIGITAL: DEFINIÇÕES DE UMA NOVA CIBERPOLÍTICA

Paralelamente, como propõe Manuel Castells (2001), as organizações formais vêm perdendo espaço para mobilizações mais espontâneas e de caráter emocional. Desse modo, a internet funcionaria como uma revolução em termos políticos, porque fugiria da lógica dos partidos de massa, das entidades sindicais e das demais maneiras de integração verticalizada típica das organizações que teriam marcado a Era Industrial. Movimentos que pregam a defesa de valores sociais ou particularistas, como os próprios sindicatos, perderiam espaço para movimentos que defendem a preservação de valores ligados à cultura, como o movimento feminista, ou mesmo a defesa de direitos, mas não apenas para uma classe específica. Nas palavras de Castells (2001, p. 142-143):

> In fact, this informality and relative spontaneity are what have usually characterized the most productive social movements. The novelty is their networking via the Internet, because it allows the movement to be diverse and coordinated at the same time, to engage in a continuing debate and yet not to be paralyzed by it, since each one of its nodes can reconfigure a network of its affinities and objectives, with partial overlappings and multiple connections. [...] they transform the Internet as well: from organizational business tool and communication medium, it becomes a lever of social transformation as well – although not always in the terms sought by the social movements or, for that matter, in defense of the values that you and me would necessarily share.

O movimento antiglobalização, por exemplo, é formado por iniciativas que, em sua maioria, não possuem uma mobilização constante e um quadro profissional de membros organizados, mas consiste em agregações que contam a cada movimento com novos ativistas, desistência de outros, reunindo uma diversidade de origens e maneiras díspares de realizar protestos, violentos ou não (CASTELLS, 2001).

Por último, deve ser levado em consideração o uso dessas tecnologias por movimentos que não têm causas consideradas politicamente corretas. Iniciativas neonazistas, por exemplo, são costumeiramente excluídas da cobertura dos *mass media* e, por isso mesmo, multiplicam-se no ambiente telemático graças à capacidade de absorção e articulação possibilitada aos movimentos marginais.

Democracia e voto via internet

A utilização da internet ou rede e o surgimento da ciberdemocracia no ciberespaço trazem consigo um novo aspecto de implementação dos princípios de participação, entre eles, se absorvido pela governança, o voto eletrônico. Segundo Barragán (2011), bastaria que existisse a votação eletrônica para que a era da ciberdemocracia fosse inaugurada.

A televisão trouxe mudanças ao mundo moderno a tal ponto que é possível "dizer que só é real o que é televisivo, numa progressiva contração do espaço público no pequeno visor ou televisor" (SANTOS, 2004, p. 38). Com a televisão digital, a partir de streaming, ocorrerá a mesma coisa, ou seja, a pessoa poderá se informar sobre a coisa pública com maior velocidade e decidir ali mesmo. Ainda no entendimento de Santos (2004, p. 45), "o voto eletrônico, vinculativo ou consultivo, poderá implicar uma complexa e delicada mutação das próprias regras substanciais da democracia ou mesmo uma mudança genética". Porém, no nosso entendimento, além da preocupação com a mutação das regras, é necessário que nos preocupemos e perguntemos pela comprovação da autenticidade deste voto.

Tratando da questão da forma de participação numa perspectiva contrária a Santos (2004), Martino (2001) afirma que há grande diferença entre um sujeito que assiste à televisão (passivo) e um sujeito que utiliza a internet (ativo). Na mesma linha de pensamento, Valaskakis (2001) nos diz que a:

> Internet tiene la capacidad de permitir una democracia más directa, aunque permanece el problema de si nuestras sociedades están preparadas para ello. Ciertamente, existe el riesgo de que la misma tecnología pueda pervertirse hasta el extremo del 'cibertotalitarismo'.

O pensamento do autor citado demonstra certa preocupação com o preparo da sociedade para fazer uso correto de tal instrumento, isso porque a mudança de caminhos e a utilização de novos instrumentos para a orientação da vida humana são sempre complexas e temerosas, e nessa questão não é diferente.

Todavia vamos encontrar vários teóricos que defendem o uso da internet como uma via de comunicação que pode oferecer maior acesso à informação e ao conhecimento e, com isso, ao indispensável exercício da cidadania, fazendo com que a qualidade do serviço governamental enriqueça e garanta maior oportunidade de participação social no processo democrático. Apesar disso, não é possível deixar de enxergar os inúmeros problemas que a utilização do voto eletrônico apresenta hoje para a ciberdemocracia, preocupada em que esse elemento de interação não se converta em mais uma forma de dominação corporativa. Entendem alguns autores que para

DEMOCRACIA DIGITAL: DEFINIÇÕES DE UMA NOVA CIBERPOLÍTICA

a efetivação da ciberdemocracia sem dominação, a governança deve ser confiável e agir objetivamente de boa fé. Além dos documentos e serviços que devem estar à disposição do cidadão, é preciso que exista uma interação entre a sociedade e o governo.

Ainda é em Lévy (2002) que buscamos esclarecer a questão. Segundo ele, o voto pela internet pode constituir-se em instrumento de renovação da democracia na qual as cidades numéricas, o governo eletrônico e as ágoras virtuais são as peças fundamentais que possibilitarão aumentar a participação eleitoral dos indiferentes e permitir uma votação mais fácil às pessoas com deficiência. Também facilitará a vida de milhares de pessoas que não estarão mais obrigadas a se deslocarem e, muitas vezes, esperarem em filas intermináveis para o cumprimento de suas obrigações eleitorais.

É possível vislumbrar, também, que o debate político se torne mais democrático. A Primavera Árabe da qual trataremos no próximo tópico, pode ser um exemplo do que a rede global pode oferecer aos cidadãos de várias nações. Por outro lado, a utilização da internet no ciberespaço certamente implicará em diminuição dos gastos que, nesse momento, apresentam-se como necessários para a realização de campanhas políticas com tudo o que elas comportam.

A votação eletrônica já foi experimentada na França, quando a Câmara de Brest a utilizou para o referendo de setembro de 2000. Nesse mesmo ano, as eleições primárias no Arizona, Estados Unidos da América, foram realizadas por meio da rede, e o que se observou foi o aumento da participação eleitoral, principalmente das minorias desfavorecidas. Ainda no mesmo ano, alguns eleitores do Alasca, também nos Estado Unidos, puderam votar pela rede e, da mesma forma, houve um efeito direto na participação, porque aumentou o número de votantes.

No Brasil, os Tribunais Eleitorais e o Supremo Tribunal Eleitoral há muito utilizam o sistema eletrônico de votação, todavia de forma presencial. Eles fazem também a transmissão dos votos de forma eletrônica a partir de sistema próprio. O voto eletrônico hoje utilizado visa apenas agilizar o processo eleitoral e facilitar a contabilização dos votos. Por conta disso, ainda é necessário que o eleitor, em muitos casos, precise vencer barreiras geográficas para que possa participar da eleição. É legítimo e lícito acreditar que essa barreira geográfica seja abolida e que o cibercidadão possa votar via rede, sem necessidade de locomoção.

Com base nos exemplos dos dois estados norte-americanos referidos, é possível vislumbrar que, no Brasil de amanhã, seja possível fazer utilização de tal instrumento e, com isso, aumentar a participação do cidadão nas eleições, bem como diminuir os gastos que a política eleitoral impõe. Essa abertura também pode progredir no sentido de alcançar outras instâncias legislativas, executivas e judiciais no Brasil e mundo afora. Será demais visionário acreditar que no futuro possa existir uma Federação Democrática Planetária, em que os cidadãos organizados em comunidades virtuais proponham a realização de referendos em que todos se manifestem por meio da internet?

Quanto à expansão do uso da internet no Brasil, vale a pena ressaltar a importância do Comitê de Democratização da Informática (CDI), criado com a finalidade de ampliar o número de usuários da rede eletrônica, a fim de que a informação alcance a todas as classes sociais. De acordo com dados do CDI, no Brasil, atualmente, apenas 30 milhões de brasileiros utilizam a internet como meio de comunicação, enquanto mais de 150 milhões não possuem acesso a esse meio de comunicação.

Em nosso entendimento, a partir de diversos teóricos, a democracia é o regime de governo que melhor permite a participação civil nas decisões mais importantes da nação. Nela cada indivíduo, cada cidadão é soberano em suas escolhas. A sua concepção básica veio como um governo do povo e para o povo. Como um ideal, adaptou-se aos moldes sociais aos quais foi aplicada, criando diferentes modelos de regimes democráticos. Para Bobbio (1997, p. 69), a democracia é um regime democrático que possui "um conjunto de regras de procedimento para a formação de decisões coletivas, em que está prevista e facilitada a participação mais ampla possível dos interessados"

Para Kelsen (2000, p. 85), a democracia é "apenas um método de criação da ordem social", ou seja, cada sociedade possui sua democracia, em essência, seu governo do povo, mas cada qual tem suas próprias regras de participação civil nessa democracia. No Brasil, cujo sistema é uma república presidencialista, a Lei estabelece a idade de mínima de 16 anos para que o cidadão possa votar. Também é possível identificar a participação direta e indireta, conforme o artigo 14 da Constituição Federal. As eleições periódicas correspondem à democracia indireta, porque a partir do voto são escolhidos representantes responsáveis, durante um tempo determinado (mandato), por tomar decisões que interessam à coletividade. O plebiscito, referendo e iniciativa popular — regulados pela Lei n.º 9.709, de 18 de novembro de

1998 — são formas de democracia direta, e a escolha do povo em sua maioria deve ser respeitada, e não a de alguém que os representa. Por isso mesmo leva em conta cada indivíduo e sua opinião, seu interesse.

Ainda assim, o plebiscito e referendo e a iniciativa popular dependem dos representantes. Conforme a lei citada, os primeiros são convocados apenas se for atingido o quórum de um terço dos membros de qualquer das Casas do Congresso Nacional, a questão é proposta à população, a iniciativa popular, como diz o nome, corresponde apenas à propositura de projeto de lei, e a tramitação corre nos moldes constitucionais do processo legislativo.

Desde a promulgação da Constituição cidadã, 28 anos atrás, ocorreram dois plebiscitos — em 1993, sobre o regime de governo a ser aplicado no Brasil, monarquia ou presidencialismo, e em 2001, plebiscito local, apenas para o Pará, quanto à divisão do estado. Ocorreram também, dois referendos — o primeiro em 2005, sobre a comercialização de armas de fogo na qual a campanha pelo armamento civil foi vitorioso, em que mais de 60% da população votou contra a proibição e venda de armas de fogo no território nacional, e outro em 2010, também local, no Pará.

A iniciativa popular está prevista no inciso III do artigo 14, e regulada pelo artigo 61, §2º, além do artigo 13 da Lei n.º 9.709, de 1998:

> Art. 61. [...]
>
> § 2o – A iniciativa popular pode ser exercida pela apresentação à Câmara dos Deputados de projeto de lei subscrito por, no mínimo, um por cento do eleitorado nacional, distribuído pelo menos por cinco Estados, com não menos de três décimos por cento dos eleitores de cada um deles.

Existem apenas quatro projetos de iniciativa popular convertidos em lei, sendo o último conhecido como a Lei da Ficha Limpa, aprovada em 2010. Ela teve como aliada a internet, em todas as etapas. O início da campanha de coleta de assinaturas recebeu apoio popular pelas redes sociais também para pressionar durante a lenta tramitação, continuaram durante o julgamento de sua constitucionalidade e agora apoio outro projeto de iniciativa popular, o das Eleições Limpas. A rede mundial de transmissão de dados criou caminhos para atingir o público desejado, acumulando apoiadores e assinaturas possíveis de serem feitas pela internet, atraindo, dessa forma, os interessados para colaborar.

Todas as informações foram divulgadas pela entidade que abraçou o projeto, o Movimento de Combate à Corrupção Eleitoral (MCCE). Com o balanço de assinaturas, formulários para serem impressos e distribuídos, informações sobre os candidatos com ficha suja, e permanece na luta pela eficácia da Lei que conseguiram aprovar.

A democracia direta aproxima-se da ideal, daquele governo do povo para o povo, em que todos opinam quanto a um assunto de interesse da coletividade, porém isso é raríssimo de ocorrer. A democracia ideal exige que todos debatam, opinem, concordem, discordem e cheguem a uma conclusão benéfica para todos ou para a maioria, porém as dimensões atualmente não permitem que essa estrutura permaneça. É importante ressaltar que há também razões de interesse pessoal dos representantes em manter as decisões majoritariamente para si, direcionando sua atuação conforme a vontade política e influência partidária desse pequeno grupo.

Apesar de tais dificuldades e empecilhos, atualmente as decisões tomadas pelo Poder Público em todos os seus âmbitos seguem o princípio da transparência e podem ser acessadas pela população, o que expõe a mais potente arma a favor da democracia participativa contra a ignorância e perpetuação do Estado controlador, em qualquer lugar do mundo, um novo espaço para a formação de opinião. O acesso ao conhecimento fundamenta as crescentes reivindicações e causas dos grupos sociais.

Destaca-se o fato de a pressão estimular a função típica do legislativo, não apenas pressão popular, como mostrado anteriormente, mas também pressão por influência, como no caso da tipificação de crimes informáticos, tal como a Lei n.º 12.737, de 30 de novembro de 2012, que ficou conhecida como Lei Carolina Dieckmann, justamente por ter sido impulsionada pela atriz de mesmo nome, que teve fotos particulares expostas por um hacker e, devido a esse fato, buscou que houvesse regulamentação para fim de punir aquele que expôs suas fotos. Essa situação mostra também que ninguém está imune às possibilidades geradas pelo uso da internet de acesso ao conteúdo disponível, sendo este privado ou público.

A pressão sobre os poderes é extremamente importante para fazer valer a representatividade do povo. Com a internet, a democracia participativa encontra uma nova via, permitindo a organização e mobilização de diversos grupos unidos por objetivos comuns. Esses grupos tornam-se protagonistas de cenário que vai do local ao mundial, dando destaque inclusive as causas e reivindicações sociais, reacendendo a chama da luta por melhores condições de vida, há alguns anos em estagnação. Bobbio destaca essa participação dizendo que:

DEMOCRACIA DIGITAL: DEFINIÇÕES DE UMA NOVA CIBERPOLÍTICA

> [...] os sujeitos da ação política tornaram-se cada vez mais os grupos organizados, sendo portanto muito diferente daquela prevista pela doutrina democrática, que não estava disposta a reconhecer qualquer ente intermediário entre os indivíduos singulares e a nação no seu todo (BOBBIO, 1997, p. 62).

Em busca de mudança, as redes sociais virtuais tornaram-se, segundo pensamos, um novo território de informação e discussão, uma ágora virtual. Independentemente do seu estatuto sexual, econômico ou social, os que utilizam a internet estão mais bem informados, por isso mesmo desenvolvem uma melhor capacidade de ação sobre o mundo e mais confiança no processo democrático do que aqueles que não recorrem a ela. A rede propõe informações mais abundantes e mais bem organizadas sobre a vida política, assim como os instrumentos práticos e quase gratuitos de deliberação, controle dos representantes e das ações políticas. Nem os jornais, salões e cafés do século 19, nem a abundância mediática e televisiva do fim do mesmo século haviam permitido tamanha abertura do espaço de conversação como instrumentos a serviço do cidadão como a internet.

Primavera árabe

Primavera Árabe é o nome dado ao conjunto de revoluções de nações do Oriente Médio que buscaram libertar-se de um sistema com características totalitárias de governo a fim de depor os governantes que se encontravam no poder há décadas, delimitando um marco histórico na memória de cada um desses países. Os levantes guardam muitas semelhanças, especialmente no objeto de oposição que se colocava contra o governança ou modelo político que regia o país e a maneira como a população estava vivendo.

Esses movimentos foram desencadeados a partir da libertação da Tunísia, precursora do movimento, por isso mesmo, primeiro exemplo das revoluções árabes contra o próprio governo. A população tunisiana pressionou seu governante por meio de protestos por todo o país após um jovem de 26 anos, Mohamed Bouazizi, atear fogo no próprio corpo como uma forma de mostrar sua indignação com o tratamento dado às pessoas, em 17 de dezembro de 2010, quando policiais o impediram de trabalhar na rua. Com os protestos eclodindo, o presidente tunisiano Zine al-Abidine Ben Ali, após 23 anos no poder, exilou-se na Arábia Saudita e nunca mais retornou ao seu país.

Após esse evento, na esperança de também conseguir mudar a situação política, as forças revolucionárias nos países vizinhos também cresceram. Mas isso não aconteceu de repente, logo depois da conquista do povo tunisiano. Muitas outras ações visando a melhoria da situação da população árabe foram realizadas antes que acontecessem os eventos relacionados à libertação dos povos árabes.

Durante a realização da pesquisa sobre a história das revoluções árabes, especificamente do Egito, foi possível verificar que a internet vinha sendo utilizada para a organização da população, três anos antes da definitiva deposição do presidente Mubarak. Mesmo que as redes sociais e outras vantagens da internet permitam a rápida organização e mobilização, é inviável que num país sob forte controle e censura isso não poderia acontecer imediatamente, porque, numa ditadura, é possível vigiar qualquer movimentação, especialmente porque a Carta Magna de Mubarak — nome dado à constituição que vigorava na época — considerava as greves ilegais. Por conta disso, a população precisava encontrar uma maneira de driblar a dificuldade de organização.

Segundo Manuel Castells (2001, p. 62),

> O único modo de controlar a rede é não fazer parte dela, e esse é um preço alto a ser pago por qualquer instituição ou organização, já que a rede se torna abrangente e leva todos os tipos de informação para o mundo inteiro.

Como é quase impossível não fazer parte da rede, é também quase impossível controlá-la. O poder teme a internet, porque esta é uma nova arma da sociedade moderna contra a repressão que não consegue ser reprimida.

Na luta pela libertação, no início da disseminação dos ideais, após uma mobilização de trabalhadores têxteis da cidade de Ghazl El-Mahalla, em fevereiro de 2008, com vistas a um aumento salarial, muitos cidadãos juntaram-se à causa. Contudo, no dia 6 de abril do mesmo ano, tropas policiais reprimiram o manifesto com grande violência, gás lacrimogêneo, balas de borracha e munição com explosivos e agentes químicos.

Essa ação do exército egípcio levantou questões em vários grupos pelo país e fora dele. Os responsáveis pelo levante usavam, além do Facebook, e-mail privados e encontros pessoais para promover a organização do levante. Os blogs da tradutora Nawara Negm e de Israa Abdel Fattah, ativista e parte da liderança do chamado Movimento Jovem de 6 de Abril, foram deletados quando a autora foi presa. Contrapondo-se ao movimento, o governo passou a se utilizar dos mesmos meios dos grupos contestadores, as redes sociais, para rastrear, encontrar e prender participantes e responsáveis pelo levante.

De 2008 a 2011, quando eclodiu a revolta, os cidadãos continuaram a questionar o governo e atrair simpatizantes à causa. O movimento não ficaria para sempre na internet, portanto, logo após a estruturação dele, empurrado pela revolução na Tunísia, em 25 de janeiro de 2011, a população foi às ruas protestar. Este dia ficou conhecido como Dia da Ira. Em 11 de fevereiro do mesmo ano, após 30 anos de poder, o presidente Hosni Mubarak foi deposto.

A ruptura com o regime causada pela revolução no Egito teve como consequência a suspensão da constituição vigente, conhecida como Carta Magna de Mubarak e, também, a dissolução do parlamento para que, em setembro, pudessem acontecer novas eleições, culminando numa votação em novembro de 2012, para que fosse aprovada a nova constituição egípcia.

A instabilidade do país significava a necessidade do estabelecimento de um eixo que orientasse a estrutura e administração do governo que veio após a resposta afirmativa do referendo constitucional que concretizou o início da transição para a democracia, após três décadas de ditadura em meio a muita incerteza, mas também muita esperança com a eleição do novo regente do país, para mandato delimitado e maioria de votos. A Nova Constituição possui muitas falhas, e isso facilitou que, dois anos após a derrubada do ditador Mubarak, os populares depusessem o presidente eleito por eles mesmos, passando o controle do país aos militares, tornando muito instável a situação no Egito, que, no momento, pode estar vivendo o já chamado Outono Árabe, e, ao invés de florescer, pode estar perdendo suas folhas.

É quase certo que outras consequências da revolução irão aparecer. Contudo, fica o sentimento de que mesmo a mais difícil situação pode ser revertida, seja num país democrático ou não. O governo pagou preço alto pela inabilidade de lidar com e censurar a internet. Mesmo com a censura, as imagens, vídeos, depoimentos e pedidos de ajuda se espalharam pelo mundo, dando maior força aos rebeldes. Tanto no início quanto na continuidade da luta, a internet constituiu-se em instrumento fundamental na organização da população e disseminação do levante em outros países.

CAPÍTULO 4

QUESTÕES DE SOBERANIA: DEMOCRACIA DIGITAL

Do conceito de soberania

A corrente majoritária dos juristas contemporâneos defende a ideia de que, em face da sua variação temporal e espacial, a noção de soberania é eminentemente histórica. Atualmente, depois de anos de pesquisas sobre o assunto, descobre-se a impossibilidade de concebê-la em termos absolutos. No plano interno, a soberania confere superioridade ao poder estatal, no sentido de que, dentro dos limites da sua jurisdição, não encontrando o Estado seu "nêmeses", faz prevalecer a *lex* positiva nos ordenamentos sociais para com os indivíduos e a sociedade. Como nos ensina Gilda Russomano, mesmo relativizada, a soberania não deixou de ser elemento essencial ao conceito de Estado, porque

> [...] a soberania — no seu sentido original de autoridade suprema – não existe, nem pode existir, na ordem externa, porque, nela, os Estados são submetidos ao Direito Internacional, por um processo semelhante ao que submete, na ordem interna, os indivíduos às normas do direito nacional. (RUSSOMANO, 1989, p. 104).

De fato, a relação de coexistência Estatal é de independência e não de subordinação. No plano externo, um Estado não pode estar sujeito a jus positiva de outro Estado e à ordem jurídica internacional, porque se configuraria numa limitação à soberania absoluta. Embora a igualdade jurídica entre os Estados tenha sido proclamada desde os Tratados de Westfália (1648) e reconhecida nas doutrinas e nas práticas internacionais, ela só foi consagrada na Carta de São Francisco (1945), com a criação das Nações Unidas, fundada no princípio da igualdade de todos os Estados-Membros.

O conceito de soberania que tem como fundamento a ordem intraestatal, segundo Aron (1986), é improfícuo pelo fato de que representa apenas a validez de um sistema de normas em um sítio isolado. No plano internacional, ela é nociva porque "os imperativos jurídicos retiram sua força obrigatória da vontade dos poderes do Estado" (ARON, 1986, p. 886), o que pressupõe que não poderia estar sujeito a apenas uma.

O Direito Internacional Público não pode ignorar que o desenvolvimento fez com que o conceito de soberania fosse revisto hodiernamente, fazendo com que a ideia de absolutismo e perpetuidade da soberania de Bodin (1992) fosse colocada em discussão pelo século da tecnologia. As normas internacionais *"iuscogens"*, ou seja, as imediatamente vinculantes, isto é,

> [...] um direito internacional fundamentado não na soberania dos Estados, mas na autonomia dos povos: a humanidade no lugar dos Estados; um constitucionalismo mundial, inclusive com garantias jurisdicionais globais, no posto ou ao lado dos constitucionalismos nacionais. (FERRAJOLI, 2003, p. 7).

Hoje parece impossível falar de Estado como nação soberana, protecionista, exclusivista e individualista, com autonomia absoluta na esfera internacional, ou seja, falar de soberania absoluta do poder político jurídico estatal. A soberania não mais permanece restrita, protecionista, individualista e integral, o seu significado hoje é o de atribuir um caráter sistemático na discussão sobre o Estado.

Ao tratar da questão da virtualização do direito, em sua obra *Ciberdemocracia*, Lévy (2002, p. 25) coloca-nos a questão tendo como foco o homem como "Cidadão do Mundo", como uma pessoa que deseja ultrapassar a compartimentação geopolítica das cidadanias nacionais próprias dos diversos estados e países soberanos. Ao afirmar-se como representante de si mesmo e não aceitar a identidade imposta pelos governos nacionais, "os cidadãos do mundo afirmam a sua independência como cidadãos da Terra, do mundo, ou do cosmos" (LÉVY, 2002, p. 25).

> A cidadania do mundo repudia então as divisões estatais, e consequentemente a obrigatoriedade de ser cidadão de um Estado, é um conceito internacionalista, porém não é somente uma aspiração bem intencionada de deixar de lado as diferenças por nacionalidade, é também um projeto político com propostas de como estabelecer uma nova cidadania de aplicação global. Os princípios da cidadania global seriam primeiramente que seja uma cidadania de aplicação local

e de adesão voluntária, e que através de pactos federativos estas unidades territoriais locais por decisão de seus próprios cidadãos aceitariam entre si as cidadanias das demais localidades. (LÉVY, 2002, p. 25).

E para que tal fundamento possa se realizar, a utilização da internet tem sido fundamental, pois, por meio dela, outros homo sapiens com ideias parecidas começaram a encontrar iguais, agrupando-se e comunicando-se a partir da web. A crise do Estado-nação está alicerçada na mesma orientação teórica. Isso acontece porque os indivíduos adquiriram, por intermédio da internet, informações que devem ser contextualizadas de forma social, política, econômica e ecológica, ou seja, o processo cognitivo do ser humano dilatou-se exponencialmente com as tecnologias da informação, os problemas de cada um de seus habitantes podem ser expostos, pesquisados e não mais tão facilmente encobertos.

Governança democrática

A palavra *governança* refere-se a um novo modo de governar, sustentado na eficácia e na legitimidade dos governos democráticos, e tem por base a qualidade da interação entre eles e as organizações empresariais e sociais, bem como em uma boa gestão das relações entre os diferentes níveis de governo. É um conceito que está em expansão na Europa a partir da publicação pela União Europeia, em 2001, do *Livro Branco Sobre Governança Europeia*, elaborado pela Comissão Europeia e dirigido por J. Vignon.

A finalidade da governança democrática é, segundo Pascual Esteve (2009), o desenvolvimento humano sustentado na equidade social e no desenvolvimento econômico de onde emergem os temas da participação cidadã e da representação política, tendo como objetivos a coesão social e o estabelecimento de sinergia entre eles. A realização de uma governança democrática implica:

> [...] os planos estratégicos; a negociação relacional dos conflitos públicos; as técnicas de mediação; as técnicas de participação cidadã e apoio social às políticas públicas; os métodos e as técnicas de gestão de projetos em rede; a gestão da cultura empreendedora e cívica da cidadania; o coaching para a liderança relacional; as técnicas de construção de consensos; o enfoque abrangente nas ciências sociais e a direção sistêmica por objetivos. (ESTEVE, 2009, p. 44-46).

Na governança democrática ou governo relacional, próprio da sociedade do conhecimento, a tarefa do governo consiste em articular uma ampla cooperação pública e privada e uma intensa colaboração cidadã para o desenvolvimento humano no território, a partir da criação, fortalecimento e coordenação das redes econômicas, sociais e culturais. Nesse contexto, a gestão relacional ou gestão das interdependências ou de redes, passa a ser a base da nova ação de governo. Isso implica em fortalecer e coordenar as principais redes sociais visando a qualidade dos recursos e serviços.

É nosso entendimento, sustentado em Gomes (2001), que a internet pode desempenhar um papel importante na realização da democracia relacional, porque pode assegurar aos interessados em participar do jogo democrático dois dos seus requisitos fundamentais: informação política atualizada e oportunidade de interação. Pode, também, adquirir e disseminar informação política mais rápida, fácil, barata, conveniente e desprovida de coações dos meios industriais de comunicação. Uma governança mediada pela internet pode ajudar no desenvolvimento de uma democracia de base e reunir os povos do mundo numa comunidade política sem fronteiras.

Segundo Lévy (2000), a mundialização econômica, numa perspectiva simplista, parece representar o triunfo do mercado sobre a democracia, visto ser esperado que o desenvolvimento de todas as formas de comércio e de transação financeira seja realizado num ciberespaço desterritorializado no qual não mais se consegue aplicar todas as leis. Discutindo sobre a oposição entre capitalismo, democracia e a apreciação negativa do papel do ciberespaço na relação entre a lei do mercado e a lei da cidade, Lévy (2002) apresenta três argumentos em defesa da ciberdemocracia.

O primeiro argumento trata do desenvolvimento de uma esfera pública na internet e o correlativo aumento das possibilidades de informação, de livre expressão, de discussão cidadã e de coordenação autônoma dos movimentos sociopolíticos, fazendo com que as cidades digitais aperfeiçoem a democracia local e a governação eletrônica, tornando as administrações públicas mais transparentes para os cidadãos.

No segundo argumento, Levy (2002) desenvolve a perspectiva de um governo democrático global, cuja mundialização econômica constitui a locomotiva na qual o capitalismo informacional mundialista leva a uma lei planetária, a uma ciberdemocracia altamente participativa, ligada ao novo espaço público da rede.

No terceiro argumento, ele procura mostrar que se podem exercer objetivos cívicos ou políticos por meio do mercado, porque o ciberespaço cria e recria, dia a dia, um mercado mais transparente no qual as escolhas podem ser feitas entre os leques oferecidos tanto no consumo quanto no investimento e no trabalho.

Nessa perspectiva, cada um dos atos de consumo contribui para orientar a economia e favorecer esta ou aquela evolução, dependendo de cada um de nós. Todas as pessoas que entram nesse espaço, que o fazem existir, evoluir e crescer são o mercado. O ciberespaço torna-nos consumidores avisados, conscientes e responsáveis. Desse modo, navegando por vários caminhos, faremos crescer certos tipos de informações que irão, de alguma forma, contribuir para orientar a evolução político-cultural.

Sob esse ponto de vista, o ciberespaço torna-se o grande mercado da informação que comandará todos os demais, nos quais os agentes sociais podem se estabelecer. Quanto mais os mercados forem transparentes, ou seja, quanto mais se tornarem virtuais, mais ganharemos poder por ser esse o novo espaço da palavra humana, uma mescla de praça pública e de mercado.

Para Lévy (2000), a grande ferramenta ciberespacial permite pilotar, pela via do consumo, do investimento e do trabalho cooperativo, uma vida econômica sob a bandeira da inteligência coletiva. Política e economia já não se separam, todos os nossos atos se tornam políticos, econômicos ou conversacionais. Todos os nossos atos passam por uma mensagem. Tudo o que dizemos constrói a atmosfera de sentidos da cidade virtual. Pode-se identificar a cidade virtual como um pedaço de argila que pode ser moldado conforme seu criador assim a manipular, com poderes incomensuráveis.

Mundialização e antimundialização da política

A questão da mundialização da política não está feita apenas da ligação à rede, pois de suma importância são o rádio e a televisão que ainda são ícones do sistema mediático contemporâneo. No início dos anos de 1990, os jornalistas e repórteres já possuíam emissores de satélite portáteis que permitiam a interligação imediata e em fluxo contínuo de quase todas as regiões do planeta. Segundo Lévy (2000), como Marschall previu, estamos acompanhando, desde 1960, um progressivo desenvolvimento de uma consciência política global, fruto dos media elétricos e de todas as formas de interligação.

Mediante o rádio, a televisão e as redes, a opinião pública torna-se cada vez mais global, a novidade trazida pela internet à mundialização da política reside, fundamentalmente, na possibilidade de os movimentos e as organizações ativistas se organizarem e coordenarem ações em tempo real, tanto local, nacional ou mundialmente. O menor acontecimento é filmado, transmitido e comentado tantos por leigos quanto por especialistas, o que faz com que a opinião pública e, nem sempre o conhecimento, torne-se cada vez mais global.

Isso não significa que exista um consenso planetário, ao contrário, a opinião pública, essencialmente baseada em informação e não em conhecimento, está quase sempre dividida entre os prós e os contras, os partidários e os oponentes. É exatamente sua dinâmica conflitual que faz dela uma opinião pública viva. Não são as ideias nem as posições políticas que a unificam, são os seus objetos de atenção. Segundo Levy (2000), a inovação desse processo consiste, fundamentalmente, na flexibilidade e na facilidade de coordenação. Nele não há necessidade de uma organização pesada, burocrática e hierárquica.

Ainda no entendimento de Lévy (2000), esse processo pode ou poderia levar a um governo que desembocaria numa federação mundial que remodelaria as instituições nacionais e internacionais existentes, sustentada nos fundamentos democráticos, especialmente na realização de eleições livres, na transparência e na obrigação de prestar contas. Já se fala da passagem de um internacionalismo organizacional para o comunicacional.

Decorrente desse processo em curso, pode-se observar na atualidade que: de um lado, temos os mundialistas, ou seja, o governo dos Estados Unidos e seus aliados, que possuem o poder supremo sobre a tecnologia, a economia, a força militar, a força cultural do grande media comerciais e, principalmente, a necessidade de prosperidade, consumo e comunicação da imensa massa da população mundial, quaisquer que sejam suas ideias políticas. Do lado oposto, estão os governos e movimentos políticos que se opõem à mundialização sob a hegemonia americana e, geralmente, esses governos são pouco ou nada democráticos.

Segundo Lévy (2000), no plano das ideias, os mundialistas favorecem o progresso técnico, principalmente a internet, a abertura dos mercados, o capitalismo, a democracia e os direitos do homem. Os antimundialistas são geralmente antiamericanos, menos homogêneos, não gostam do capitalismo e militam frequentemente em defesa das identidades nacionais e da manutenção de um papel importante do Estado na economia e no controle das desigualdades sociais.

DEMOCRACIA DIGITAL: DEFINIÇÕES DE UMA NOVA CIBERPOLÍTICA

Hoje, ao invés das organizações, são os meios de comunicação em linha, ou comunidades virtuais em rede, com sua diversidade, produtividade e fluidez que, ao lado da oposição planetária e contra as hierarquias de poder clássicas dos partidos e sindicatos à moda antiga, desenvolvem-se. Essa evolução favorece a passagem de um estilo de jogo político parecido com o xadrez, no qual os papéis variam consoante a transformação das configurações do tabuleiro.

Entendemos que o que parece estar acontecendo no momento é que estamos nos dirigindo para um jogo político no qual a identidade fundamental não é mais definida, porque, na esfera da internet política, a manutenção da dinâmica criativa e do equilíbrio é mais importante do que a vitória de um campo sobre o outro.

Nessa nova política hipertextual, os oponentes fazem mais parte do jogo do que da forma de política tradicional. Um dos lemas da ciberdemocracia é o combate à exclusão, à fratura, à divisão. Dessa forma, os adversários representam o seu papel num palco político em expansão e cada vez mais transparente, no qual simulação e realidade se distinguem cada vez menos.

Perspectiva de uma lei universal

No entendimento de Lévy (2000), uma das grandes mutações da ciberdemocracia reside na perspectiva de uma lei, de uma justiça e de um governo planetário capazes de regular a economia mundial, preservar o ecossistema terrestre, garantir a liberdade e, ao mesmo tempo, empreender esforços para reduzir a miséria e as injustiças. O extraordinário crescimento técnico, econômico e demográfico pelo qual passamos, solta o grito afirmativo, o sim planetário da humanidade. Nem a ciência, nem a técnica, nem os meios de comunicação nem o mercado possuem fronteiras. A lei protege da arbitrariedade de algumas relações de força, da escravatura e da violação dos direitos. Ela não limita a liberdade, garante-a, funda-a.

Na perspectiva de Lévy (2000), embora os processos econômicos se desenvolvam num planeta cada dia mais unificado e apesar de o comércio, as finanças, as ciências, as técnicas e as comunicações serem mundiais, são as legislações nacionais fragmentadas que regulam, protegem e encorajam essas atividades. Segundo entende, para a civilização global do ciberespaço, o Estado-nação, nascido da civilização da imprensa, já não é o enquadramento adequado para a lei. Nos dias atuais, cada vez menos as coisas e os fatos se agrupam e se concentram nas justiças nacionais divergentes e dispersas.

Por conta disso, os processos tecnológicos, econômicos, sociais e ecológicos de escala planetária só poderão ser equilibrados por uma lei e uma justiça com a mesma escala. Nem o mercado nem o capitalismo são contra a democracia, ao contrário, precedem e acarretam ela. Como podemos observar, o autor postula uma lei planetária para a utilização do espaço público universal, determinada de forma democrática e transparente, tornada possível graças ao ciberespaço. Nela, uma das principais tarefas do futuro governo planetário seria garantir os direitos e as liberdades de diferentes religiões, culturas e línguas, favorecendo o desenvolvimento da diversidade em todas as áreas da criação, em que unidade não deve ser confundida com uniformidade infalível.

Para Lévy (2000), tal governo mundial seria, apenas, o último piso de um sistema de governação que deveria compreender um piso regional, um piso nacional e um piso continental, no qual cada piso trata apenas daquilo que não puder ser tratado nos pisos inferiores. Para ele, o piso regional seria o equivalente a uma governação metropolitana, visto que regiões reais se confundem cada vez mais com as áreas de influência em que são propostos os serviços nas grandes cidades; são os antigos Estados-nação. O piso continental seria um dos principais campos de experimentação e polo de atração de uma zona de paz e prosperidade. A União Europeia serve a esse modelo.

Acredita-se que um futuro governo mundial poderia se constituir a partir de uma federação de agrupamentos continentais, a partir do aumento dos poderes da ONU, ou a partir de uma combinação simultânea desses dois processos. De qualquer forma, seria necessário juntar livre e voluntariamente partidos que tenham se estabelecido solidamente no Estado de direito, na liberdade de expressão, em eleições livres e no multipartidarismo.

Em 2002, data da publicação da bibliografia consultada e referida, as principais condições para a instauração de um governo universal não existiam. Hoje, 18 anos depois, em função de vários fatores, ainda não possuímos condições para a efetivação de tais ideias. O principal e determinante está no fato de que o espaço público transnacional do ciberespaço, que seria, segundo o autor, uma condição básica para uma verdadeira democracia mundial, não está disponível para a maioria dos sujeitos humanos. E o grande desafio está, em primeiro lugar, em disponibilizar numa escala continental, as tecnologias de comunicação e informação à grande massa.

> A potência cria. A autoridade irradia. Em contrapartida, o poder faz-se temer ao obscurecer a irradiação da autoridade de uns ou à potência criadora de outros. O que é próprio

> da lei, quando limita todos os poderes particulares é o fato
> dela produzir as condições para a potência coletiva. (LÉVY,
> 2000, p. 84).

O principal objetivo da lei no âmbito da sociedade humana é o estabelecimento da paz e da justiça. Isso só ocorrerá se os Direitos Humanos expressos em cada cultura forem levados em consideração. Para Levy (2000), somente um soberano universal, representado por um governo mundial que garantisse uma lei democraticamente elaborada pela inteligência coletiva da humanidade, poderia abolir a guerra — que por si só já é um grande atraso cultural — e tantos outros males que são flagelos da humanidade. Contudo, ainda estamos na fase dos ídolos, ou seja, das soberanias parciais transformadas em fetiches.

Só resta-nos descobrir um monoteísmo em política que consistiria num governo universal que assegurasse que governo algum jamais se tornaria um ídolo que exige sacrifícios humanos. Na civilização da inteligência coletiva, a agressividade humana poderia ser sublimada na competição econômica ou em forma de guerrilhas informacionais e de conflitos virtuais. Uma vez instalada a paz universal por um governo mundial, talvez a questão da miséria material e espiritual pudesse ser resolvida. Com Lévy (2000), acreditamos que a paz e a liberdade dão as reais condições para a prosperidade, são os pré-requisitos para o início de uma história que consiste num aprofundamento contínuo da inteligência coletiva e da construção de uma cidade alargada a todos os vivos.

CAPÍTULO 5

MAPEAMENTO NA FALA DE INTERNAUTAS SOBRE AS RELAÇÕES ENTRE POLÍTICA E O USO DA INTERNET

Neste capítulo procuramos mostrar, tendo por base as respostas obtidas a partir de questionário enviado a usuários internet, qual a compreensão destes sobre ciberdemocracia, contribuição da internet para o processo democrático, confiabilidade das informações veiculadas e o voto pela internet.

O questionário, que tinha como título "Democracia e Participação Social Através da Internet", disponibilizado no website Survey Monkey Enterprise[21], continha dez questões e ficou disponível para ser respondido por 61 dias. Durante esse período, recebemos a reposta de 75 internautas. Os dados levantados serão analisados, em primeiro lugar, por meio da abordagem quantitativa, para que possamos ter uma visão, em percentual, de quem são e como pensam os 75 internautas, sujeitos da pesquisa. No momento seguinte, realizaremos a análise qualitativa, com a finalidade de desenvolver uma reflexão sobre as respostas no sentido de construir um entendimento sobre o pensamento dos internautas, sujeitos da pesquisa.

Dos dados levantados na pesquisa, ficou demonstrado que a maioria dos respondentes, conforme Gráficos 1 e 2, é do sexo feminino (70%), com idade entre 40 e 60 anos (44%).

---

[21] O site pode ser acessado pelo link: www.surveymonkey.com

Gráfico 1 – Pergunta: qual é o seu sexo?

Fonte: gerado por surveymonkey.com

Gráfico 2 – Pergunta: qual é a sua idade?

Fonte: gerado por surkeymonkey.com

      O questionário mostrou, ainda, por meio das respostas e comentários, algumas questões que se destacam como fundamentais na utilização da internet como instrumento ou canal de acesso ao conhecimento ou informação, à questão do voto e da governança. São elas: veracidade, confiabilidade, liberdade de expressão, transparência, segurança, praticidade, comodidade e encurtamento de distâncias.

Gráfico 3 – Pergunta: o que você entende sobre Ciberdemocracia?

Não sei	9%	7
A participação popular atraves da Internet	88%	66
um tipo de governo	0%	0
Basta que o voto seja eletronico	3%	2

Fonte: gerado por surveymonkey.com

A análise e reflexão sobre as respostas a respeito da ciberdemocracia como sendo: "a participação popular pela internet"; "um tipo de governo"; "basta que o voto seja eletrônico", permitem dizer que apesar de utilizarem o ciberespaço (rede) e falarem em democracia, estão sustentados muito mais em informações do que em conhecimento. Apesar disso, a grande maioria das respostas (88%) vai ao encontro das ideias de teóricos, especialmente de Lévy (2000), para quem a ciberdemocracia (ou democracia eletrônica ou ainda democracia virtual) é a utilização pelo cidadão das novas tecnologias para, de alguma forma, participar da coisa pública e consiste na criação de processos e mecanismo de discussão, a partir de um diálogo entre o cidadão e o Estado, a fim de que possam, juntos, tomar decisões.

Gráfico 4 – Pergunta: no seu entendimento, existem problemas nas informações veiculadas pela internet?

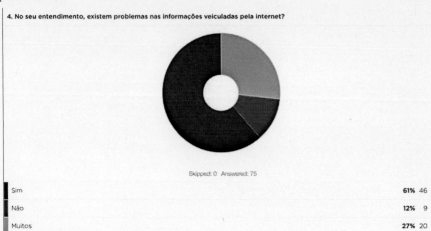

Fonte: gerado por surveymonkey.com

Das respostas e comentários a essa questão, podemos destacar, de forma sintética, que os internautas estão preocupados com a circulação de inverdades, informações distorcidas, montagens, titularidades sem confirmação, mentiras, exageros, blefe, sofismas, boatos, agressões, sensacionalismo, liberdade exagerada para dizer e fazer o que bem lhe convier, denegrir imagens, questões que demonstram falta de respeito com o próximo. Preocupados, ainda, com as fontes de informação, tendo em vista a manipulação midiática de questões políticas; com a falta de clareza de pensamentos nas informações; com a propagação de ideias radicais; com a falta de seriedade com os temas abordados e as manifestações. Muita informação sem base científica, atrapalha mais que ajuda.

Como é possível verificar, as preocupações dos internautas estão presentes, também, nas reflexões e discussões dos teóricos. A grande maioria deles entende que, para a efetivação da ciberdemocracia sem dominação, é necessário que a governança seja confiável, aja de boa fé e realize uma interação entre a sociedade e o governo. Enquanto isso não ocorrer, a desconfiança, a descrença continuará presente.

No que diz respeito à veracidade das informações, também vamos encontrar concordância entre alguns teóricos e os internautas. É Albuquerque e Sá (2001, p. 63) que dizem: "nem sempre as mensagens que chegam às caixas de correio eletrônico são verdadeiras", ou seja, dotadas de credibilidade.

Um problema muito importante dessa questão é que a grande maioria das informações não possui identificação da origem intelectual, fator essencial para determinar o seu valor e credibilidade, bem como para identificar e localizar sua origem.

Gráfico 5 – Pergunta: quais são as perspectivas que você tem em relação à internet?

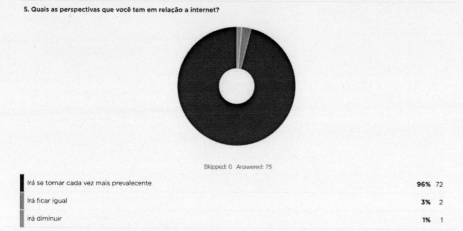

Fonte: gerado por surveymonkey.com

A esse respeito, as falas e comentários dos respondentes indicam, em sua maioria, pontos positivos e dizem que a internet se tornará cada vez mais prevalente. Esse entendimento também possui consonância entre alguns autores e estudos. Vamos apresentar aqui alguns pensamentos publicados por Renata Valério de Mesquita (2014), em texto sobre o futuro da internet, divulgado na Edição 500, de Planeta. Segundo a autora, em janeiro do ano em curso, o Pew Research Center, com o apoio da Universidade Elon, do Estado Norte-Americano de North Carolina, encaminhou estudos no sentido de tentar prever o futuro da rede. Para isso, foram consultados 2.558 especialistas e desenvolvedores de tecnologia da informação. Das consultas, foram recolhidas 15 principais tendências de desenvolvimento da web. Vejamos alguns destaques:

> **Mais cidadania, menos ignorância** – A disseminação da internet vai reforçar as relações pessoais e aumentará o nível cultural dos indivíduos. Por representar uma forma de comunicação barata com qualquer pessoa, independentemente de

onde ela se encontre geograficamente, deve reduzir a falta de conhecimento sobre o mundo. A posição, ditada pela tevê, de espectador da 'aldeia global' será substituída pela postura de 'aldeões ativos', graças à evolução da web.

Consciência e atitude ampliadas – Três tecnologias tornarão as pessoas mais conscientes do mundo e de si mesmas. São elas: a possibilidade de explorar grandes volumes de dados (o mecanismo conhecido como 'big data'); os dispositivos do dia a dia conectados à rede, como relógios e geladeiras (o diálogo tecnológico da chamada 'internet das coisas'); e os programas capazes de desenvolver raciocínios quase humanos (a inteligência artificial).

Sala de aula democrática – A disseminação do conhecimento e da cultura em um nível nunca imaginado torna viável a democratização da educação em qualquer lugar do planeta. Uma revolução educacional possibilitada pela internet promete garantir mais oportunidades para o aprendizado com menos gastos em infraestrutura física e menor demanda por professores.

Conexão direta com a política – Quanto maior for a porcentagem da população conectada, maior será a consciência política e o ativismo. Com o uso crescente de dispositivos móveis e de aplicativos de compartilhamento de informações, as pessoas ganharão mais voz, podendo expressar seus descontentamentos. Com a maior facilidade de articulação entre elas, tanto mudanças pacíficas quanto revoltas (como a Primavera Árabe) irão acontecer com frequência, permitindo a formação de sociedades mais transparentes e participativas.

Meios para praticar o mal – Apesar de a web ter transformado o dia a dia das pessoas nos últimos 25 anos, a natureza humana permanece a mesma — para o bem e para o mal. Discriminação, bullying, estupidez, assédio, pornografia, truques sujos e crime existem no mundo real e no virtual. A internet oferece ferramentas para quem quiser fazer da vida dos outros um inferno. Com o anonimato e a ausência de contato cara a cara, a maldade pode ganhar mais espaço e escala.

Perigos da disparidade – A disparidade entre 'os que têm' e 'os que não têm' pode ser potencializada pela internet, gerando mais conflitos. As redes sociais tendem a amplificar o ressentimento e, possivelmente, a violência, pois extravasam e espalham o sentimento de fracasso e as queixas de maus-tratos dos segmentos menos privilegiados econômica, social e culturalmente. Quanto maiores as possibilidades da internet, tanto pior para quem estiver fora dela.

Privacidade, artigo de luxo – As pessoas continuarão – a contragosto – trocando sua privacidade por conveniência e ganhos imediatos. Quanto mais dados a rede coletar durante a navegação, melhor ficarão as previsões da Web sobre os interesses de cada um. Assim, ela entregará informações deduzidas a partir de indicadores dos diferentes perfis traçados. O risco é que, assim, seja desestimulada a busca autônoma de conhecimento. A privacidade acabará restrita a uma elite tecnológica, que saberá como preservá-la.

Instrumento de controle de massas – Pressionados pelas mudanças virtuais, governantes e empresas tentarão reafirmar seu poder apelando para a necessidade de segurança e moral social. Em alguns casos, terão sucesso, porque muitos parecem dispostos a navegação livre – com seus riscos intrínsecos – por ambientes mais estruturados e regulados. Governantes e corporações devem se tornar mais eficientes em usar a rede como um instrumento de controle político e social. (MESQUITA, 2014, p. 3).

Gráfico 6 – Pergunta: as informações veiculadas pela internet sobre questões políticas são confiáveis?

Sim	4%	3
Não	28%	21
Algumas Fontes	68%	50

Fonte: gerado por surveymonkei.com

O gráfico apresentado mostra que grande parte dos respondentes afirma que os conteúdos das informações veiculados pela internet não são confiáveis. A maioria, no entanto, afirma que existem algumas fontes que são confiáveis. Para eles, a confiança estabelece-se quando as informações vêm de amigos confiáveis; de órgãos específicos do governo; do Conselho Nacional de Justiça (CNJ); do portal da transparência; de jornais confiáveis; de fontes que sejam imparciais, porque, muitas vezes, há manipulação partidária. Dizem, ainda, ser *difícil citar fontes totalmente fidedignas, já que todas podem cometer equívocos. Então é melhor não se prender a fontes fixas e sim ir juntando o maior número de fontes para confirmar veracidade sobre determinado assunto, principalmente em questões políticas porque, frequentemente, estão ligados a viés ideológicos*

Também, aqui, vamos encontrar concordâncias com alguns teóricos. Para Lévy (1998, p. 3),

> [...] a rede é, antes de tudo, um instrumento de comunicação entre pessoas, um laço virtual em que as comunidades auxiliam seus membros a aprender o que querem saber. Os dados não representam senão a matéria prima de um processo intelectual e social vivo, altamente elaborado.

Como não existe avaliação prévia do que é disponibilizado, o acúmulo de informações sem relevância indica a necessidade de filtros que permitam a recuperação de informações de qualidade. Enxergar a internet como processo social, em constante desenvolvimento e mutação, e não como produto definido e acabado, é de fundamental importância para a compreensão da necessidade de desenvolvimento de mecanismos que possibilitem a sua utilização.

Segundo Papacharissi (2002), a internet deve ser apreendida como um espaço virtual, mas ainda sem condições de aceder ao status de uma esfera pública virtual. Por isso mesmo ela funciona como um espaço com a capacidade de facilitar, mas não de determinar, uma renovação da esfera pública. Apesar de haver uma extensão nos canais de comunicação a partir do advento do ciberespaço, não existe uma modificação substancial no que diz respeito à comunicação política em si. As redes digitais demonstram, em muitos momentos, que, em vez de revolucionar as estruturas políticas, são apropriadas por elas.

Gráfico 7 – Pergunta: no seu entendimento, a internet contribui para o processo democrático?

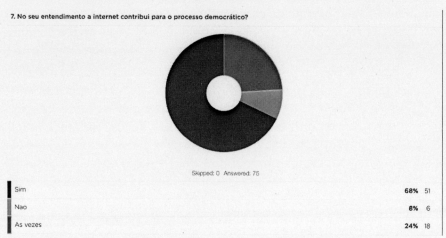

Fonte: gerado por surveymonkey.com

Resumindo as respostas e os comentários sobre a questão referida, é possível dizer que a grande maioria dos respondentes afirma que a internet contribui para o processo democrático, porque possibilita o acesso às informações e ao esclarecimento de questões políticas, a liberdade de expressão e a veiculação de informações importantes, a inclusão social, disseminando e massificando a informação e tornando os fatos mais transparentes. A partir dela, a população pode expressar a sua opinião e dizer o que acha do governante, dando maior voz ao cidadão anônimo. Contribui, principalmente, por ser uma ferramenta de propaganda que, diferente do horário eleitoral, preserva a liberdade do eleitor de adquirir o conteúdo se ele quiser. Também é mais ecologicamente correta do que a distribuição de santinhos e outdoors que poluem visualmente as cidades.

Afirma, ainda, que a internet se configura em uma ferramenta ideal para a exposição de conteúdo ideológico e jornalístico, se utilizada adequadamente pelos envolvidos no processo democrático. Sobremaneira quando permite ao cidadão comum exprimir seus posicionamentos. Todos os meios de comunicação são manipuláveis, por isso não dá para se dizer ao certo se por meio dela a democracia está sendo exercida. Contudo é o veículo que ganhará, em curto prazo, imprescindibilidade para todo e qualquer processo, principalmente o democrático. Dá liberdade ao pensamento crítico, contudo, algumas vezes sem fundamentos teóricos.

Essas percepções caminham em direção ao pensamento de autores que entendem que a internet, ao funcionar como uma rede que permite o contato e a difusão de informações sem permissão de grupos mediáticos já consolidados, apresenta-se como um espaço apto a atender demandas individuais, em que cada um busca a informação que deseja, podendo modificá-la ou adicionar suas considerações sem grandes dificuldades ou custos.

Para Mitra (2001, p. 45), a internet apresenta-se como um "revigorante" da esfera pública política argumentativa, porque concede oportunidade de expressão a vozes marginais sem as barreiras impostas pela censura governamental ou pelos interesses das indústrias do entretenimento e da informação, e porque oferece a chance da reciprocidade discursiva advinda da esfera civil. A superação de barreiras espaciais (a comunicação digital não leva em conta as fronteiras dos países) abre caminho para a participação de usuários em diversos contextos geográficos.

A partir do momento que favorecem a troca de experiências e conteúdos, as redes telemáticas também atuam, *pelo menos em potência*, como ambiente propício ao diálogo e ao entendimento. Em termos ideais, trariam, aos cidadãos interessados, a possibilidade de novamente ter certa influência nos rumos da esfera pública política, na qual a rede seria utilizada pelos cidadãos como artifício ou arma, na busca de um "novo pacto democrático" (LÉVY, 1998, p. 48).

> Tal ideia se liga à noção de resgate de uma cidadania perdida pelo afastamento entre esfera política (com o poder decisório, composta pelos representantes eleitos) e esfera civil (mandante, mas não mandatária), e pela especialização excessiva relativa à gerência da coisa pública, o que inviabiliza uma maior participação popular. (LÉVY, 2002, p. 76).

A categoria *esfera pública*, essencial para a compreensão da relação entre Estado e esfera civil nas sociedades democráticas contemporâneas, pode ser compreendida, segundo Gomes (1999, p. 64), a partir de três ângulos:

> a. *o debate deliberativo*, essencial à democracia, que pode ser exemplificado através das argumentações apresentadas nas casas parlamentares, ou mesmo ligado a assuntos de um grupo particular, como uma associação de moradores ou acionistas de uma empresa, com o objetivo de definir políticas;
>
> b. *o debate não deliberativo*, na maioria dos casos com fins informativos, com a intenção de fornecer aos interessados uma maior capacidade de reflexão dos prós e contras de determinada matéria (ou apenas mantê-los a par do assunto). Este debate também pode ser classificado como *conversação civil*, ocorrendo em situações cotidianas, sem a marca da formalidade;

c. *esfera de exposição* ou *visibilidade pública*, quer dizer, quando não há necessariamente uma realização dialógica entre quem emite e quem recebe determinado conteúdo, ocorrendo a exposição, sobretudo através dos *mass media*, de materiais acerca do que deverá habitar os setores deliberativos. (grifos do autor)

Segundo Habermas (1984), é preciso reconhecer o valor dos espaços discursivos oferecidos aos cidadãos a partir dos meios de comunicação de massa. Por se tratar de uma rede de comunicação pública não necessariamente institucionalizada e um local de formação espontânea de opiniões, a internet possui a capacidade de abrigar diversas dessas arenas de discussão. Mas é preciso investigar até que ponto a abertura dessas arenas no ambiente digital gera um efetivo poder político para os que se encontram na periferia, pois uma maior efetividade da soberania popular não se pode limitar aos debates. Os cidadãos com acesso ao computador em rede podem se reunir livremente para discutir qualquer tema e fazer quaisquer proposições sem constrangimentos, ainda que a efetividade desse tipo de ação seja, na maioria das ocasiões, de pequeno alcance.

Gráfico 8 – Pergunta: você votaria pela internet?

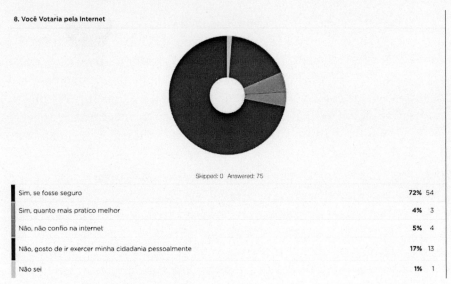

Fonte: gerado por surkeymonkey.com

O resumo dos comentários feitos pelos internautas traz consigo algumas contradições. Para muitos, ainda há possibilidades de fraude eletrônica, por isso não creem que a segurança do voto seja garantida. Para outros, seria prático e cômodo e, como já fazem compras e acesso a bancos pela internet, gostariam de poder votar também. Nessa mesma linha de raciocínio, foi dito que, apesar de sermos o país mais desenvolvido no processo eleitoral eletrônico, ainda existem pessoas que questionam o processo, por isso acham que o voto por meio da internet aumentaria a credibilidade do resultado. Aqui também vamos encontrar confluências entre o pensamento dos internautas e de teóricos.

Um número bastante elevado de teóricos defende o voto via internet. Isso se deve, especialmente, pelo crescente interesse por parte das autoridades públicas e grupos de interesse que vêm se frustrando diante da participação cada vez menor dos eleitores no processo eleitoral. Segundo os adeptos do voto via internet, teríamos uma participação recorde nas eleições, se as pessoas pudessem votar on-line. Jim Adler, presidente da VoteHere.net, disse: "Se você olhar quem vota hoje em dia, vai perceber que os jovens não votam. Eles estão na Internet em grande número, e espera-se que eles vão começar a se mexer para votar quando a Internet se envolver também" (BLITZER, 1999, p. 34).

Segundo Weisberg (1988), com o voto via internet, um maior número de pessoas vai poder exercer seu direito ao voto e cumprir suas responsabilidades cívicas. Só que não vamos ter de nos encontrar num salão de igreja para fazê-lo. Perder o passeio a fim de aumentar a participação popular é um preço que vale bastante a pena. "Tendo em vista o baixo comparecimento às urnas é difícil dizer que o ritual de sair de casa e entrar na fila no local de votação continue atraindo as pessoas para votar" afirmou Alan Brinkley (1998, p. 12), professor de História da Universidade de Columbia.

Trazer as eleições, registros de eleitores e abaixo-assinados para o ciberespaço, legalizando o voto pela internet e empregando certificados digitais, vai ser uma maneira de pegar carona na crescente universalização da internet. Isso permitirá que se faça on-line aquilo que as pessoas gostariam de poder fazer, mas que ultimamente não tiveram condições por estarem muito ocupadas, ou porque o processo tradicional é muito inconveniente para elas, e não porque elas estejam apáticas (STRASSMAN, 1999). O voto via internet não é um golpe na tradição de ir até o local de votação, é um complemento ao antigo sistema de votos e não uma alternativa a ele. Seria uma conveniência, como uma carona até o local de votação ou uma cédula para voto em trânsito, que tornaria a votação mais fácil e mais efetiva.

Quanto à questão da segurança do sistema de votação, o passo mais importante é a verificação dos eleitores individuais. É preciso ter certeza de que os eleitores sejam de fato eleitores, que cada pessoa receba apenas uma cédula, que o método de tabulação seja preciso e que as cédulas provisórias sejam conferidas com os votos pela internet. Por conta disso as organizações públicas e privadas que estão desenvolvendo os sistemas de votação via internet estão concentrando uma enorme quantidade de energia e recursos para superar os desafios técnicos de uma eleição segura via internet.

Gráfico 9 – Pergunta: você acha que a internet nos transformou em uma aldeia global onde todos opinam?

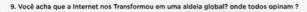

Fonte: gerado por surveymonkey.com

Nessa questão, as respostas dos internautas caminham na direção de que a grande maioria entende que sim. Tal entendimento surge em função da possibilidade de conversação entre pessoas de qualquer lugar do mundo. Para outros, a internet não é uma aldeia, mas sim um céu aberto sem limites pelas distâncias encurtadas!

Nessa perspectiva e de acordo com a teoria de Marshall McLuhan (2014), um dos mais importantes teóricos da comunicação do século 20, uma forma de organização baseada nas mídias eletrônicas levaria informação ao mundo quase simultaneamente. A isso denominou de Aldeia Global, ou seja, o mundo unificado pelos meios de comunicação de massa.

A abolição das distâncias e do tempo, assim como a velocidade cada vez maior que ocorreria no processo de comunicação em escala global, levar-nos-ia a uma homogeneização sociocultural. Nesse caso, ações sociais e políticas poderiam ter início simultaneamente e em escala global e as pessoas seriam guiadas por ideais comuns de uma "sociedade mundial". Com a evolução dos sistemas, da internet e dos celulares, a comunicação entre dois interlocutores e em lugares distantes se dá quase que instantaneamente. E com isso vem ocorrendo também certa "padronização da cultura", com prevalência da cultura ocidental sobre a maior parte das nações do mundo, ao mesmo tempo que diversas culturas consideradas exóticas têm "vindo à tona", tornando-se, independentemente das relações etnocêntricas, minimamente conhecidas em outras partes do mundo.

Gráfico 10 – Pergunta: você utiliza a internet para protestar?

Fonte: gerado por surkeymonkey.com

Os comentários aqui não se diferem daqueles que são feitos no espaço físico concreto. A maioria das respostas e comentários afirma que os respondentes utilizam a internet para protestar sempre que estão indignados com alguma atitude do governo; com o uso da máquina pública em benefício particular; mediante de abaixo-assinados, petição eletrônica etc.; engajando-se em movimentos de descontentamento com o governo ou quaisquer outras questões que desperte interesse. Um grupo significativo participa quando lhe interessa. Outros, apenas em alguns casos, como problemas com educação e maus-tratos aos animais.

DEMOCRACIA DIGITAL: DEFINIÇÕES DE UMA NOVA CIBERPOLÍTICA

Para alguns teóricos, a sociabilidade on-line é capaz de contribuir com as mobilizações sociais, visto que a comunicação mediada por computador ultrapassou o tempo dos bate-papos, vídeos e fotos como fontes unicamente de entretenimento. Cada dia mais os usuários das mídias e das redes sociais reconhecem a potencialidade de alcance massivo das mídias digitais em que a internet tende a ser cada vez mais explorada no âmbito de reivindicação dos direitos e cobrança do cumprimento dos deveres do Estado.

A mobilização social acontece, segundo Toro (2007, p. 56), "quando um grupo de pessoas, uma comunidade ou uma sociedade decide e age com um objetivo comum, buscando, quotidianamente, resultados decididos e desejados por todos". Essas não se caracterizam por uma busca diária, e normalmente se dão com a presença de pessoas em uma praça, passeata, concentração. A internet, como meio de interação e aproximação interpessoal, pode espalhar informações e promover mobilizações sociais em torno de uma determinada causa, seja ela política, religiosa, econômica ou cultural.

Para que ocorra uma mobilização dentro das redes sociais, é necessário que o agente mobilizador possua, pelo menos, dois instrumentos da comunicação: uma boa argumentação e um público que possa se identificar com a causa. A argumentação é, no ciberespaço, aquilo que pode tornar uma informação qualquer em um foco de discussão de grande proporção. No entanto os argumentos devem se aproximar da identidade do público a quem se direcionam, fazendo com que ele tome os fatos para si como algo a defender. Por outro lado, as redes sociais carregam um histórico de estudos que confrontam o universo físico e o universo virtual, em sua forma contraditória de "verdade versus mentira", de disparidade entre a imagem e a identidade.

ALGUMAS REFLEXÕES

Após a realização de estudos e pesquisa sobre ciberdemocracia, participação social e voto pela internet, permitimo-nos fazer algumas reflexões sobre o referido tema, tanto em seus aspectos positivos quanto negativos.

Vivemos uma revolução, estamos observando o mundo se transformando em uma aldeia global, na qual todos podem exercer o seu direito de expressar sua opinião sobre fatos, atos, acontecimentos sejam eles sociais, políticos ou culturais que denotam uma revolução da informação e na forma da vida humana. A internet não pode mais ser considerada, segundo entendemos, "uma terra sem lei que um dia já foi", toda ação pode ser identificada e imputada, basta, para isso, que os órgãos competentes sejam aparelhados com instrumentos e pessoal treinado para responder a eventos cibernéticos de acordo com sua ameaça.

Os estudos demonstraram que apesar dos pontos negativos, especialmente quanto à privacidade, pois assistimos constantemente dados privados de usuários serem trocados por diversas instituições com e sem o consentimento deles, à confiabilidade e à veracidade das questões veiculadas, não podemos deixar de enxergar os benefícios que a internet pode proporcionar ao homem. Como exemplos, podemos citar: 1) as mudanças estruturais e políticas do Egito ocorridas pela pressão popular dos grupos organizados por meio das redes; 2) a demanda popular sobre a aprovação do projeto da Lei da Ficha Limpa no Brasil, atestando que os novos meios de comunicação podem desestabilizar os padrões sociais estáticos e promover renovações no modo de vida da população. Mesmo na China, onde o site Google é censurado, ele continua ainda forte no mercado chinês. Isso se deve, a nosso entendimento, ao fato de que "a ágora virtual" corresponde a um novo espaço de disseminação de informação capaz de alcançar as áreas mais remotas do planeta.

Nas respostas dos internautas (75), também é possível verificar preocupações semelhantes às dos teóricos quanto a confiabilidade e veracidade dos conteúdos veiculados pela internet. A maioria absoluta, conforme vimos no Capítulo 4, relaciona suas ações quanto ao voto pela internet a essas duas questões. Nosso entendimento sobre elas vai ao encontro das análises dos autores a seguir mencionados. Vejamos:

Concordamos com Fritch e Cromwell (2002), quando afirma que a credibilidade de informação da web precisa ser medida pela lente da autoridade cognitiva a partir de quatro filtros: documento, autor, instituição e afiliação. Para que o documento tenha validade, é preciso que ele apresente correção factual, do formato e da afiliação institucional evidenciada pelo *Uniform Resource Locator* (URL). A competência e a confiabilidade baseiam-se na identificação da identidade e das credenciais do autor. A afiliação incide na presença de links e de sinais de afiliação óbvia, porque a afiliação encoberta impossibilita ou dificulta a detecção.

Concordamos, também, com Flanagin e Metzger (2007), quando afirmam que a maioria dos modelos de aferição da credibilidade da informação da web é feita mediante uma abordagem objetiva, universal e absoluta dos atributos dos recursos de informação. Contudo a credibilidade da informação como uma variável é percebida dependendo de cada sujeito e não apenas dos recursos por características da informação ou da fonte/meio que a veicula.

Nessa mesma linha de pensamento, Meola (2004) nos dirá, ao desenvolver o seu modelo contextual, que a informação deve ser vista ou entendida no seu meio ambiente geral, não circunscrito apenas à internet. Para ele, como concordamos, a comparação, que implica verificar semelhanças e diferenças entre dois ou mais recursos de informação, configura-se como um processo cognitivo nuclear para a avaliação de qualquer tipo de informação e que a corroboração é outro processo cognitivo que deve ser aplicado para verificar uma ou mais fontes de informação diferentes. Quanto maior for o número de recursos consultados sobre um mesmo assunto, mais elevada será a capacidade de confirmar ou não determinados dados e de encontrar informação válida.

É nosso entendimento, também, que a preocupação com a veracidade e a confiabilidade da informação por parte de grande parcela da população que tem o acesso à informação via internet muitas vezes não utiliza os serviços disponíveis por falta de divulgação e de conhecimento de que pode participar da democracia mediante a utilização da internet. Segundo pensamos, é necessário que o Estado atue no sentido de conscientizar as pessoas de que elas são partes integrantes no desenvolvimento da democracia virtual, e, por isso mesmo, devem utilizar os meios disponíveis para exercer seu poder.

O *e-vote* pode ser considerado um instrumento que viola o processo eleitoral em uma democracia representativa, visto que a sua autenticidade não pode ser comprovada, ou seja, não é possível garantir que todos os

DEMOCRACIA DIGITAL: DEFINIÇÕES DE UMA NOVA CIBERPOLÍTICA

cidadãos votem de modo seguro. Mas é extremamente importante que esse mecanismo seja implantado para que seja admissível falar na concretização do governo eletrônico e na mutação de uma democracia em ciberdemocracia, como sugere Lévy (2002), em que o governo eletrônico seria utilizado como um meio de aproximação entre os que adotam as decisões e aqueles que suportam as consequências delas — a população/os cidadãos — por meio da utilização de plebiscitos, referendos, entre outros.

A história da internet fornece-nos amplas evidências de que a produção e utilização dessas novas tecnologias podem ser equiparadas ao da eletricidade ou do motor elétrico na difusão das formas organizacionais da sociedade industrial, na base das novas tecnologias geradas e distribuídas eletricamente.

A estrutura de uma sociedade em rede resulta do intercâmbio entre o paradigma da nova tecnologia e o aparelho social num plano geral. A sociedade em desenvolvimento que vem sendo chamada de sociedade de informação ou sociedade do conhecimento, terminologia com a qual não concordamos, não porque conhecimento e informação não sejam centrais na nossa sociedade, mas porque eles sempre o foram, em todas as sociedades historicamente conhecidas. O que se apresenta como novo é o fato de serem de base microelectrônica e divulgados por intermédio de redes tecnológicas.

O estudo e a pesquisa mostram-nos que os principais problemas ressaltados estão referidos à credibilidade e à veracidade das informações. Mostraram que apesar dos avanços das novas tecnologias, das redes sociais e de seus usos serem significativos no Brasil, ainda falta muito para as informações veiculadas pela internet adquiram plena credibilidade. Apesar disso, acreditamos que, como nos diz Manuel Castells, em sua obra *A Galáxia Internet* (2003), a internet converteu-se em um componente indispensável de movimentos sociais que estão surgindo na sociedade de rede, "ficar à margem da internet é a forma mais grave de exclusão que pode sofrer a nossa economia e a cultura" (CASTELL, 2003, p. 9).

As redes sociais também se constituem em portas de acesso para os cidadãos solicitarem informação, expressarem opiniões, pedirem e exigirem respostas de seus representantes legais (públicos) para que esses, em vez de utilizar a internet para propaganda, utilize-a para prestar contas dos seus atos. Da mesma forma, as redes sociais têm na internet um meio de acompanhar os candidatos nas campanhas eleitorais dos partidos políticos para, no futuro, poder avaliar a sua atuação.

Sabemos que a internet não pode proporcionar uma solução tecnológica ou milagrosa para a crise da democracia. Todavia ela pode desempenhar, e parece que está desempenhando, papel fundamental na nova dinâmica política que deve ser pautada na transparência, a fim de adaptar os pontos de vista globais ao conjunto dos interesses nacionais e sociais. Sabemos, também, que a internet não é um instrumento de liberdade, tampouco uma arma para exercer dominação unilateral. Contudo concordamos com Castells (2010) quando diz que os meios e objetivos do poder estatal em nosso mundo dependem cada vez mais da comunicação e da conexão em rede. Ao assumir esses novos meios, os Estados não desaparecem, mas transformam significativamente sua estrutura e sua atividade.

No que diz respeito às questões políticas no Brasil, parece-nos que algumas decisões e atitudes tomadas pelo Poder Público indicam que estamos avançando no sentido de tornar a internet uma ferramenta de uso mais acessível e confiável. Nos últimos anos, a inserção do Estado e das práticas governamentais no âmbito virtual têm sido cada vez maiores e nos parece que isso vem ocorrendo, também, no processo político e na prática democrática. Vive-se uma verdadeira crise política, em que o sistema de governo e as instituições democráticas, como restam configurados, não têm o condão de atender às expectativas dos cidadãos.

Por falta de credibilidade, a população está afastada de seus representantes políticos, dos processos decisórios e da eleição de prioridades na gestão da coisa pública. Talvez por conta disso ou apenas para fazer propaganda, o Estado tem inaugurado espaços virtuais que possibilitam uma participação mais ativa do cidadão. Dentre essas iniciativas, encontram-se as experiências de construção colaborativa de projetos de lei, nas quais o Marco Civil na internet (BRASIL, 2014) se configura como uma ação de vanguarda, no sentido de possibilitar a participação concreta do internauta em um processo que antes era fechado e inacessível.

REFERÊNCIAS

AGAMBEN, Giorgio. **Homo Sacer**: o poder soberano e a vida nua. Tradução de António Guerreiro. Lisboa: Presença, 1998; Belo Horizonte: Ed. UFMG, 2002.

AHLGREN, Matt. **100 + Estatísticas e Fatos da Internet para 2022.** 1 jul. 2022. Disponível em: https://www.websiterating.com/pt/research/internet-statistics--facts/#chapter-1. Acesso em: 16 ago. 2022.

ALBUQUERQUE, de Afonso. **A tragédia dos Ursos e Outras Mensagens**: observações sobre a e-política e a globalização. COMPÓS Associação Nacional dos Programas de Pós-Graduação em Comunicação. 2001.

ALPERS, Svetlana. Interpretation without representation, or, the viewing of "Las Meninas". **Representations**, Oakland, v. 1, n. 1, p. 30-42, 1983.

ANDERS, Günther. **Die Antiquiertheit des Menschen.** (I) Über die SeeleimZeitalter der zweitenindustriellen Revolution. 7 Aufl. Munique: Beck, 1994.

ANTOUN, Henrique. A Multidão e o Futuro da Democracia na Cibercultura. **Livro do XI Compós**: estudos de comunicação ensaios de complexidade, Campinas, v. 1, p. 165-192, 2002.

ARON, Raymond. **Paz e guerra entre as nações**. Tradução de Sérgio Bath. 2. ed. Brasília: UnB, 1986.

BAPTISTA, Luiz Olavo. **Dos contratos internacionais** – uma visão teórica e prática. São Paulo: Saraiva, 1994.

BARBROOK, Richard. Cyber-communism: how the Americans are superseding capitalism in cyberspace. **Science in Culture**, Londres, v. 9, n. 1, 2000.

BARBER, Benjamim R. **Strong Democracy**: participatory politics for a New Age, Berkeley, University of California Press, 1984.

BARLOW, John Perry. **A Declaração de Independência do Ciberespaço**. Fórum Econômico Mundial em Davos, 1996.

BARNETT, Michal N. Bringing in the New World Order: legitimacy, liberalism, and the United Nations. **World Politics**, Cambridge, p. 526-551, 1997.

BARRAGÁN, Luis. **Cúal Ciberdemocracia?** Disponível em: http://www.analitica.com/va/sociedad/interne/8131153.asp. Acesso em: 21 jun. 2011. (Não mais disponível)

BAUDRILLAR, Jean. **Simulations**. Translated by Paul Foss, Faulpatton, and Phillip Beitchman. New York: Semiotext(e), 1983.

BELTING, Hans. Image, medium, body: A new approach to iconology. **Critical Inquiry**, Chicago, v. 31, n. 2, p. 302-319, 2005. Disponível em: http:// peterasaro.org/courses/MSI/Belting_Image_Medium_Body.pdf. Acesso em: 22 set. 2012.

BERG, Sebastian e HOFMANN, Jeanette. Digital democracy. **Internet Policy Review. Journal on internet regulation**, Berlin, 20 out. ,2020. Disponível em: https://www.comparitech.com/blog/vpn-privacy/encryption-laws/ Acesso em: 16. Ago. 2022.

BISCHOFF, Paul. Internet Censorship 2022: A Global Map of Internet restrictions. **Comparitech, Desafios de palavras:** enfoques multiculturais sobre as sociedades da informação. C & F Éditions, Paris, 2005. Disponível em: http://vecam.org/article619.html. Acesso em: 22 set. 2012.

CHAMPAGNE, Patrick. **Formar opinião**: o novo jogo político. Petrópolis: Ed. Vozes. 1996.

CAMPUZANO TOMÉ, Hermínia. **Vida privada y datos personales**: su protección jurídica frente a la sociedad de la información. Madrid: Tecnos, 2000.

CANUT, Letícia. Proteção do consumidor no comércio eletrônico. Curitiba: Juruá, 2007. **Cartilha de Segurança para Internet**, São Paulo, Comitê Gestor da Internet no Brasil, v. 3.1, 2006.

CASTELLS, Manuel. **A Galáxia Internet** – reflexões sobre a internet, negócios e a sociedade. Tradução de Jorge Zahar. Rio de Janeiro: Jorge Zahar, 2003.

CASTELLS, Manuel. **A sociedade em rede**. São Paulo: Paz e Terra, 2000a. v. 1. (Trilogia A era da informação).

CHIZZOTTI, Antonio. **Pesquisa em ciências humanas e sociais**. Rio de Janeiro: Cortez, 1991.

COSTA JÚNIOR, Paulo José da. **Comentários ao Código Penal**: Brasil. Curitiba: Forense Universitária, 2003.

COSTA, Sylvio. Campanha Ficha Limpa ganha força. **Congresso em Foco**, Brasília, 30 nov. 2009. Disponível em: http://congressoemfoco.uol.com.br/noticias/campa- nha-ficha-limpa-ganha-forca/. Acesso em: 16 maio 2013.

DAHLBERG, Lincoln. The internet and democratic discourse: exploring the prospects of online deliberative forums extending the public sphere. **Information, Communication and Society**, Londres, v. 4, n. 4, p. 615-633, 1 dec. 2001. Disponível em: https://www.researchgate.net/publication/240954120_The_Internet_and_Democratic_Discourse_Exploring_The_Prospects_of_Online_Deliberative_Forums_Extending_the_Public_Sphere. Acesso em: 24 nov. 2019.

DATAREPORTAL. **Global Social Media Statistics**. [2022]. Disponível em: https://datareportal.com/social-media-users. Acesso em: 16 ago. 2022.

DAVIS, Richard. **The web of politics**: the internet's impact on the American political system. New York: Oxford University Press, 1999.

DRUMMOND, Victor. **Internet, privacidade e dados pessoais**. Rio de Janeiro: Lumen Juris, 2003.

DURKHEIM, Émile. **Da divisão do Trabalho Social**. França: Martins Fontes, 1999.

DOWNEY, John; FENTON, Natalie. New media, counter publicity and the public sphere. **New Media & Society,** Loughborough, v. 5, n. 2, p. 185-202, 2003.

DWORKIN, Ronald. **Levando os direitos à sério.** Tradução de Nelson Boeira. São Paulo: Martins Fontes, 2002.

ESTEVE, José Maria Pascual. **Governança democrática**: construção coletiva do desenvolvimento das cidades. Tradução de João Carlos Vitor Garcia. Belo Horizonte: Editora da UFJF, 2009.

FLANAGIN, Andrew J.; METZGER, Miriam J. **The role of site features, user attributes, and information verification behaviors on the perceived credibility of web-based information**. Loughborough, New Media & Society, 2007.

FERBER, Paul; FOLTZ, Franz; PUGLIESE, Rudy. Interactivity versus interaction: What really matters for state legislature Web sites? **Bulletin of Science, Technology & Society**, Nova York, p. 402-411, 2005. Disponível em: https://journals.sagepub.com/ doi/10.1177/0270467605279080. Acesso em: 6 dez. 2019.

FERRAJOLI, Luigi. **A soberania no mundo moderno**. São Paulo: Martins Fontes, 2003.

FICHTER, Joseph. **La Sociologie**. França. Ed. Presses Universitaires de Fra. 1960.

FRITCH, John W.; CROMWELL, Robert L. Delving deeper into evaluation: exploring cognitive authority on the internet. **Reference Services Review**, Indiana, 2002.

FOUCAULT, Michel. **Préface à la transgression**. Dits et écrits. Paris: Gallimard, 2001. v. 1.

GIBSON, William. **Neuromancer**. New York: Ace Books, 1984.

GIDDENS, Anthony. **A terceira Via**. Brasília: Instituto Teotônio Vilela, 1999. (Coleção Pensamento Social-Democrata).

GOMES, Wilson. Opinião Política na Internet: Uma abordagem ética das questões relativas a censura e liberdade de expressão na comunicação em rede. Apresentado na 10ª Reunião Anual da COMPÓS, GT Comunicação e Política. Brasília: UnB, 2001.

GONÇALVES, Maria Eduarda. **Direito da informação**: novos direitos e modos de regulação na sociedade da informação. Coimbra: Almedina, 2003.

GREGORES, Valeria Elias de Melo. **Compra e venda eletrônica e suas implicações**. São Paulo: Método, 2006.

HABERMAS, Jurgen. **Mudança estrutural da esfera pública**. Rio de Janeiro: Tempo Brasileiro, 1984.

HAGUE, Barry N.; LOADER, Brian D. Digital democracy: an introduction. *In:* HAGUE, Barry N.; LOADER, Brian D. (org.). **Digital democracy**: discourse and decision making in the information age. London: Routledge, p. 3-23, 1999.

HASSAN, Ihab. **Prometheus as performer**: towards a posthumanism culture? Madison: Coda Press, 1977.

HAYLES, N. Katherine. **How we became posthuman**: virtual bodies in cybernetics, literature, and informatics: Chicago, University of Chicago Press, 1999.

HILL, Kevin A.; HUGHES, John E. **Cyberpolitics**: citizen activism in the Age of the Internet. New York: Rowman & Littlefield, 1998.

HUSSEIN, Marwa. Egypt's Mahalla workers strike, bring demands to the military. **Ahramonline**, Cairo. 16 fev. 2011. Disponível em: http://english.ahram.org.eg/NewsContent/3/12/5777/Business/Economy/Egypts-Mahalla-workers-strike,---bring-demands-to-th.aspx. Acesso em: 16 dez. 2012.

JÚNIOR, Janary. **Medida provisória regulamenta teletrabalho e muda regras de auxílio-alimentação**. Brasília. 28 mar. 2022. Disponível em: https://www.camara.leg.br/noticias/861554-medida-provisoria-regulamenta-teletrabalho-e-muda-regras-do-auxilio-alimentacao/. Acesso em: 15 ago. 2022.

KAY, Alan. **ACM AM**. Turing Award Lecture. 2003.

KELSEN, Hans. **A democracia**. São Paulo: Martins Fontes, 2000.

LAKATOS, Eva Maria. **Sociologia geral**. São Paulo: Atlas, 1990.

LEMOS, André; LEÃO, Lucia (org.). **Derivas**: cartografias do ciberespaço. 1. ed. São Paulo: Annablume; Senac, 2004.

LÉVY, Pierre. **Ciberdemocracia**. Tradução de Alexandre Emílio. Lima Duarte: Instituto Piaget, 2002 (Coleção Epistemologia e Sociedade; 207). Título original: Cyberdemocratie, Editions Odile Jacob.

LÉVY, Pierre. **O futuro da internet**: em direção a uma ciberdemocracia planetária. São Paulo: Paulus, 2010. (Coleção Comunicação).

LÉVY, Pierre. **Qu'est-ce que le virtuel?** Paris: La Découverte/Poche, 1998.

LIEVROUW, Leah A.; LIVINGSTONE, Sonia. The social shaping and consequences of ICTs. *In:* LIEVROUW, Leah A.; LIVINGSTONE, Sonia. (org.). **Handbook of new media**: social shaping and consequences of ICTs. London: Sage, 2002.

LIMA, Eduardo Weiss Martins de. **Proteção do Consumidor Brasileiro no Comercio Eletrônico Internacional**. São Paulo: Atlas, 2006.

MAIA, Rodolfo Tigre. **Lavagem de dinheiro (lavagem de ativos provenientes de crime)**: anotações às disposições criminais da Lei n. 9.613/98. 2. ed. São Paulo: Letra por Letra Studio, 2004.

MAIA, Rousiley. O movimento antimanicomial como agente discursivo na esfera pública política. **Rev. bras. Ci. Soc.** [on-line], São Paulo, v. 17, n. 48, 2002.

MARGOLIS, Michael; RESNICK, David. **Politics as usual**: the cyberspace "revolution". Thousand Oaks, California, London: Sage, 246 p, 2000.

MARTINO, Bettina. Posmodernidad, Crisis de Representación y Democracia Eletrónica. **Razón y Palabra**, Atizapán de Zaragoza, n. 22, maio/jul. 2001. Disponível em: http://www. razonypalabra.org.mx/anteriores/n22/22_bmartino.html. Acesso em: 25 nov. 2019.

MASSENO, Manuel Davi. Direito e inteligência artificial *In:* CONGRESSO INTERNACIONAL DE DIREITO ELETRÔNICO, 2., 2006, Belém. **Anais** [...]. Belém: IBDE: Unama, 2006.

MCLUHAN, Marshall. **Os Meios de Comunicação Como Extensões do Homem:** understanding media. Ed. Cultrix, 1964.

MESQUITA, Renata Valério. **Revista Planeta, São Paulo,** 500. ed., 2014.

MITRA, Ananda. Marginal voices in cyberspace. **New Media & Society**, Winston-Salem, n. 3, mar. 2001.

MIÈGE, Bernard. **La Pensée Communicationnelle**. Grenoble: Ed. Presses Universitaires de Grenoble, 1995.

MOORE, Richard K. Democracy and cyberspace. *In:* HAGUE, Barry; LOADER, Brian D. (org.). **Digital democracy**: discourse and decision making in the information age. London: Routledge, p. 39-63, 1999.

MORAES, Dênis de. Inovação, Liberdade e Poder na Era da Informação. *In:* MORAES, Dênis de. **Sociedade Mediatizada**. Rio de Janeiro: Mauad, p. 225-231, 2003.

MORIN, Edgar. **Cultura de Massas no Século XX** O Espírito do Tempo Neurose e Necrose. 11. ed. São Paulo: Editora Forense Universitária, 2018.

MUELLER, Milton L. **Networks and States**: the global politics of internet governance. Cambridge: MIT Press, 2010.

NOGUEIRA, Sandro D'Amato. **Crimes de informática**. 1. ed. São Paulo: BH Editora, 2008.

NORRIS, Pippa. Digital Divide? Civic Engagement, Information Poverty and the Internet in Democratic Societies. **Forthcoming**, Cambridge, 2001. Disponível em: www.pippanorris.com. Acesso em: 25 nov. 2019.

OMB WATCH. Site oficial. **OMB Watch**, Washington, 2019. Disponível em: https://www. ombwatch.org/. Acesso em: 25 nov. 2019.

PAGER, Candeub. **Transnational culture in the internet age**. Brazil: Ed. Copyrighted Material, 2012.

PAPACHARISSI, Zizi. The virtual sphere: the internet as a public sphere. **New Media & Society**, Philadelphia, v. 4, n. 1, 2002.

PECK, Patrícia. **Direito Digital**. São Paulo: Saraiva, 2002.

PELLANDA, Nize Maria Campos; CAMPOS, Eduardo (org.). **Ciberespaço**: um hipertexto com Pierre Lévy. Porto Alegre: Artes e Ofícios, 2000.

RANCIÈRE, Jacques. **O desentendimento**. São Paulo: Ed. 34, 1996.

RHEINGOLD, Howard. **A comunidade virtual**. Lisboa: Gradiva, 1996.

RIBEIRO, Marilda Rosado de Sá. Batalha das formas e Negociação Prolongada. *In:* RODAS, João Grandino (coord.). **Contratos internacionais**2. ed. São Paulo: RT, p. 251-282, 2002.

RIZOMÁTICO. **Dicionário informal**, Rio de Janeiro, 2012. Disponível em: https://www. dicionarioinformal.com.br/usuario/id/94776/. Acesso em: 25 nov. 2019.

RODRIGUES, Mônica Cairrão. A **sociedade contemporânea constrói um novo mundo**: o virtual um estudo sobre a utilização da internet por ONGs brasileiras. São Paulo: PUC/SP, 1999.

RODRÍGUEZ, Elena Real. Reflexiones em torno a La relación periodistaspúblicos: sujeitos de derechos, deberes y responsabilidade. *In:* DA CRUZ, Manuel Braga et al. **Comunicação, informação e** op**inião pública** – estudos de homenagem a Andrés Romero Rúbio, Lisboa: Universidade Católica Editora, 2001.

ROSA, Fabrízio. **Crimes de Informática**. 2. ed. Campinas: Bookseller, 2005.

ROVER, Aires José. **Informática no direito**: inteligência artificial. Curitiba: Juruá, 2001.

RUSSOMANO, Gilda Maciel Corrêa Meyer. **Direito Internacional público**. Rio de Janeiro: Ed. Forense, 1989.

SALTER, Lee. **Democracy, New Social Movements and the Internet**: a habermasian analysis. Faculty of Environmental and Social Sciences: University of North London, 2003.

SANTOS, Hermílio. Cibercidades e o exercício da cidadnia interativa. *In:* LEMOS, André (org.). **Cibercidades**: as cidades na cibercultura. Rio de Janeiro: E-papers, p. 109, 2004.

SARDINHA, Edson. Ficha limpa: mais de 2 milhões de assinaturas na internet. **Congresso em foco**, Brasília, 30 nov. 2010. Disponível em: https://congressoemfoco. uol. com.br/especial/noticias/ficha-limpa-mais-de-2-milhoes-de-assinaturas-na--internet/. Acesso em: 16 maio 2013.

STRASSMAN, Paul. **The Search for Productivity**. New Canaan, Computerworld, 1999.

STRENGER, Irineu. **Contratos Internacionais do Comércio**. 4. ed. São Paulo: Revista dos tribunais, 2003.

TORO, Jose Bernardo. **Mobilização social**: um modo de construir a democracia e a participação. Belo Horizonte: Ed. Autêntica, 2007.

UNITED NATIONS ORGANIZATION. **Technology and Innovation Report, 2021**. Catching technological waves. *Innovation with equity*. Geneva: United Nations, 2021. Disponível em: https://unctad.org/system/files/official-document/tir2020_en.pdf Acesso em: 15 ago. 2022.

VALASKAKIS, Kimon. Ciencia y gobierno en un mundo post-westfaliano: la necesidad de un nuevo paradigma. **The IPTS Report**, Montreal, n. 58, out. 2001. Disponível em: https://libros-revistas-derecho.vlex.es/vid/ciencia-post-westfaliano-paradigma-113037. Acesso em: 23 jun. 2011.

WEISBERG, Robert W. Problem solving and creativity. *In:* STERNBERG, Robert Jeffrey (ed.). **The nature of creativity**: contemporary psychological perspectives Cambridge, MA, USA: MIT Press, 1988. p. 148-176.

WELLMAN, Barry *et al.* **Physical Place and CyberPlace**: the rise of personalized networking. International Journal of Urban and Regional Research, Oxford, 2001.

WOLTON, Dominique. **E depois da Internet?** Para uma teoria crítica das novas mídias. Algés: Difel, 2011.

ÍNDICE REMISSIVO

A

administração pública 35

Advanced Research Projects Agency 19

Arturo Rosenblueth Stearns 54

C

ciberdemocracia 12, 13, 14, 15, 43, 46, 49, 53, 55, 56, 59, 60, 61, 62, 78, 79, 88, 90, 93, 97, 99, 100, 113, 115, 118, 121

ciberespaço 14, 15, 17, 18, 29, 38, 40, 42, 43, 44, 45, 46, 48, 49, 52, 53, 54, 55, 56, 57, 58, 59, 61, 62, 63, 65, 66, 67, 73, 78, 79, 90, 91, 93, 94, 99, 104, 108, 111, 117, 121, 123

cibernético 25, 36

Comitê de Democratização da Informática 80

comunicação 12, 13, 15, 16, 17, 18, 19, 20, 23, 24, 31, 35, 36, 37, 38, 39, 40, 41, 42, 43, 44, 45, 46, 47, 48, 49, 53, 54, 55, 57, 58, 59, 60, 61, 62, 63, 64, 65, 66, 67, 68, 70, 71, 72, 73, 74, 75, 76, 78, 80, 90, 92, 93, 94, 101, 104, 105, 106, 107, 109, 110, 111, 113, 116, 117, 120, 121, 122, 123

confiabilidade 97, 98, 113, 114

confidencialidade 33, 37

Consciência Coletiva 20, 22

D

democracia 12, 13, 14, 16, 20, 31, 41, 49, 54, 55, 56, 57, 58, 60, 62, 65, 66, 77, 78, 79, 80, 81, 82, 85, 87, 90, 92, 94, 97, 99, 105, 106, 114, 115, 116, 117, 121, 124

democracia digital 12, 13, 14, 57, 87

Departamento de Justiça Americano 27

Directiva 2002/58/CE 25,26

Double Click 25

G

Globalization with 33

H

hackers 36, 69

I

interconexão 17, 20, 21, 23, 28, 42, 61

internet 11, 12, 13, 14, 15, 17, 19, 20, 21, 22, 23, 24, 25, 27, 28, 31, 32, 35, 36, 37, 38, 39, 40, 41, 45, 48, 49, 50, 51, 53, 55, 57, 60, 62, 65, 66, 67, 68, 69, 70, 72, 73, 74, 75, 76, 77, 78, 79, 80, 81, 82, 83, 84, 85, 89, 90, 92, 93, 97, 98, 99, 100, 101, 102, 103, 104, 105, 106, 107, 108, 109, 110, 111, 113, 114, 115, 116, 117, 118, 119, 120, 121, 122, 123, 124

Internet Society 19

K

keyloggers 27, 28

M

Manuel Castells 20, 31, 77, 84, 115

Marco Civil na Internet 116

N

National Science Foundation – NSFNET 19

Nobert Wiener 54

P

Pierre Lévy 15, 38, 40, 41, 123

Privacy Comissioner 26

Política e Ciberespaço: Participação Social e Democrática por meio da Internet

R

redes sociais 22, 28, 81, 83, 84, 85, 90, 102, 111, 115

request for comments – RFC 20

S

software e hardware 29

spywares 27, 28

T

TCP/IP (transmission control protocol/internet protocol.) 20, 21

tecnologia 11, 17, 19, 20, 23, 29, 30, 31, 32, 34, 35, 36, 40, 45, 48, 53, 66, 88, 92, 101, 115

tese

U

usuário 23, 24, 25, 26, 27, 28, 45, 67, 68, 71

V

violação da privacidade 23, 25

W

Wikileaks 22, 62

Willian Gibson 17